英語の「なぜ」を
もう一度考える

見える

増補
改訂版

英文法

刀祢雅彦
Masahiko Tone

the japan times出版

※本書は、『見える英文法』(2013 年 11 月 5 日初版発行) の改訂版です。
　内容を見直して再編成し、加筆修正しました。

はしがき　英語のしくみの「見える化」をめざして

　英語という言葉を本当に理解するためには、日本語とはまったく違う**英語のしくみ、英語のルール、英語の世界観**をつかむ必要があります。ところが、普通の文法書では、細かいルールや分類を重視するあまり、全体像をつかみにくくなっています。説明も抽象的なものになりがちで、英語のしくみを明確なイメージとしてとらえること、いわば**「右脳的理解」**が得にくいのではないでしょうか。

　この本がめざしたのは、**スキーマ**（意味や概念を可視化したもの）**やイラストを駆使して、英語のしくみを右脳に焼きつけてもらう**ことです。「ビジュアル化してみましょう」が合言葉です。冠詞の意味、前置詞の意味、動詞の用法、時制・仮定法・完了形・進行形のしくみ、比較や否定のメカニズムにいたるまで、すべてを「見える化」してしまいました。

　またこの本では、レクチャー形式の自由さを生かし、学校英文法の枠を離れて**大胆に新しい視点から英語をながめる**試みを行いました。たとえば、Lecture 2 では冠詞の the と a の意味を「全体 vs. 部分」という視点から考えてみました。また、品詞別構成になっている文法書では、いくつもの章に散らばってしまう項目を、横断的にまとめてみました。たとえば、Lecture 4 の「『させる』と『される』の違いが見える！」では、形容詞から始まって動詞や名詞までを、1 つの視点でまとめて説明しています。Lecture 7 では完了形を「視点」と「出来事」という 2 つの時点を持つ表現として考察しました。

　この本のもう 1 つの柱が、**データリサーチ**です。**単語の使われ方や、構文の意味的特徴などを、数字ではっきり見ていただけます。**調べたのは、主に手元のデータで、CNN などのニュースのスクリプトや記事、政治家のスピーチ、TED のプレゼンテーション、『TIME』などの雑誌、映画（約 4,000 本）・ドラマ（約 4,000 話）のシナリオ、歌詞（約 1,500 曲）など、全部で 10 ギガバイトぐらいです。また COCA などのウェブ上のデータベース、Google Books Ngram Viewer も活用しました。

　どのレクチャーも、はじめのほうはかなり基本的な考え方から出発しますが、

後半はちょっと上級者向けの話も出てきますので、あまり完璧主義にならず肩の力を抜いて、拾い読み感覚で関心がおありのところから読んでください。

　各レクチャーのあとにある「Give it a try! 考えてみよう！」は、できればご自分で考えていただきたいですが、むずかしいと思われる方は、レクチャーの続きとして読んでいただいてもよろしいでしょう。

＊　　　　　＊　　　　　＊

　文法っていったい何なのでしょう？　それは、刑法や民法のような法律ではありません。また物理や化学の法則とも違います。「これが絶対に正しい」というものではなくて、「この視点から言葉の使われ方をながめるとよくわかるよ」という感じのものだと思います。文法は文法問題を解くために存在するのではありません。**未知の言語のしくみと、その背後にある思考をよりよく知るための道しるべ**なのです。体のしくみを知るために解剖学があるように、言葉と思考のしくみを知るためにこそ文法があるのです。

　英文法と聞くだけで顔をしかめる人が多いかもしれませんが、それは学生時代に細かい文法問題にさんざん悩まされたからでしょう。それは、英文法教育の責任ではあっても、英語の責任ではありません。言葉のしくみを知ることは、本当はすごく thrilling なことなのです。

　文法の勉強は、細かい例文やルールの暗記になりがちですが、それらのルールが描く**一見気まぐれな現象の背後には、それを生み出すより大きな原則やシステム**があります。この本を気軽に読んでもらえば、その大きなしくみの存在を感じてもらえるかもしれません。

　もとは気楽に読めるように書いたコラムですので、言語学的な厳密性・体系性には欠けるところもあると思います。そもそも文法をひと目でわかる図にするなどということ自体が、複雑で豊かな英語のしくみを切り捨ててしまう危険をはらんだ、無謀なくわだてなのかもしれません。それを理解していただいたうえで、この本で試みたビジュアル化をながめていただければと思います。

　この本の試みが、あなたの文法的思考をしばるのではなく、あなた自身が英

語のしくみを考えていくヒントになればうれしいです。

＊　　　　　＊　　　　　＊

この本は、NHK テレビ「英会話・トーク＆トーク」のテキストに連載されたコラム「目からウロコの Visual 英文法」をベースに、加筆しまとめたものです。今回の改訂では、多くの新しい解説・例文・イラストをつけ加え、リサーチデータも最新のものにアップデートしました。みなさんに文法的思考をみがいてもらうためのクイズ「Give it a try! 考えてみよう!」にも、新たな問題をプラスしました。章の配列も一新しました。

最後に、この本が完成するまでずっとサポートしてくださった、ジャパンタイムズ出版の伊藤秀樹社長、編集その他でお世話になりました西田由香さん、深谷美智子さんに心から感謝を捧げます。実は、伊藤さんには、「目からウロコの Visual 英文法」の連載開始直後から「うちで本にしませんか?」と声をかけていただいておりました。今回も改訂の機会をいただき、ありがとうございました。本書の要となる、たくさんのすばらしいイラストを描いてくださった河南好美先生、例文をチェックしてくださり、たくさんの質問にていねいに答えてくださった、元大谷大学教授の Preston Houser 先生、神田外語大学講師の Andrej Krasnansky 先生、GABA 講師の Lindsey Schilz 先生をはじめ、Brad Reinhart さん、Chris Wells さん、Ruth Ann Morizumi さんほか、多くのアメリカ人の方々にも、ここに深く感謝いたします。

刀祢雅彦

CONTENTS

カバーデザイン：岩永香穂 (MOAI)
本文デザイン／DTP 組版：清水裕久 (Pesco Paint)
カバー・本文イラスト：河南好美
イラスト原案／表紙イラスト：刀祢雅彦
校正：くすのき舎
編集協力：深谷美智子 (le pont)

英文法＝分類学の落とし穴

　英文法は「英分法」だと言えるかもしれません。文法的思考のかなりの部分は「分けること」——分析と分類——で占められています。言葉を名詞や動詞などの品詞に分け、文を主語や補語に分け、時間の表現を過去・現在・未来に分けて考えるのが文法のやり方です。「分かる」は「分ける」と同じ語源を持っています。

　science の語源的意味は「知ること、知恵」ですが、さらに遠い昔にさかのぼると、それは「切り分けること」という意味であったそうです。人間は連続的（＝アナログ）な認識の対象を明確な（＝いわばデジタルな）カテゴリーに分けて理解しようとする動物なのです。

　しかし、分類はもろ刃の剣であり、それなりのリスクが伴います。次に、分類的思考がはらむ代表的なリスクを分類してみます。これは、文法的分類にだけではなく、すべての分類的・還元主義的な考え方につきまとうリスクだと思います。

① そのカテゴリー内部における差異に対して鈍感になること

　1つの名前でくくられているからと言って、そのカテゴリー内が均質でそのメンバーがみな同じ性質だとは限りません。たとえば、「哺乳類」の中にもサルからカモノハシにいたるまで、さまざまなメンバーが含まれます。同じように「自動詞」としてくくられるものの中にも、いろんな動詞が含まれているのです（→ p. 186）。

② 複数のカテゴリーの連続性・共有される性質を見失うこと

　魚類、爬虫類、哺乳類がすべて脊椎動物であることを忘れてはいけないように、現在完了形の意味を「完了」「経験」「継続」と分けたとしても、現在

完了形すべてが持つ共通の構造や意味を見失ってはいけません (→ p. 128)。

③「ファジーゾーン」の存在が見えなくなること

太陽光のスペクトルには連続的な波長の違いがあるだけで、「赤」と「オレンジ色」の間に物理的な境界があるわけではありません。文法においても、たとえば動詞は「動作動詞」と「状態動詞」に分けられてはいますが、どっちなのかはっきりしない動詞もあります (→ p. 91, p. 111)。カテゴリーの境を絶対視せず、fuzzy な (不明瞭な) 領域の存在を認める柔軟さが必要です。

④ 複数の基準を用いてなされた分類を、「自然な」分類と錯覚すること

1つの分類体系にいくつかの異質な基準がまぎれこんでいることがあります。それを整合性のある分類だと思いこむのも、人間が陥りやすいワナです。

ボルヘス (J. L. Borges) によると、「善知の天楼」という古代中国の百科事典では、動物は次のようなカテゴリーに分けられていたそうです。

(a) 皇帝が所有するもの、(b) 防腐処置をほどこされたもの、(c) 調教されたもの、(d) ブタの赤ちゃん、(e) 人魚、(f) 伝説に出てくるもの、(g) 放し飼いの犬、(h) この分類に含まれるもの、(i) 狂ったようにさわぐもの、(j) 数えきれないほどいるもの、(k) 非常に細いラクダの毛の絵筆で描かれたもの、(l) その他のもの、(m) さっき花びんをこわしたもの、(n) 遠くから見るとハエに似ているもの (訳：刀祢)。

おそろしくでたらめな分類ですね。でも、私たちがあたりまえだと思っている分類法にも、けっこういいかげんなものがあるように思われます。たとえば、monkeys「(しっぽのある) サル」、apes「類人猿」、man「人」、という分類は、一見自然な分類に見えるかもしれませんが、ミトコンドリア

DNA の変異による分子系統学 (molecular phylogeny) によって生物分類学が再編された今では、これは生物学的に意味のある分類とはみなせません。monkeyとapeを分けるのは分子系統学的基準で可能ですが、apeの中でHomo sapiensだけを特別扱いしmanとapeを分けるのは、チンパンジーとその他のape (人も含む) とを分けるのと同じくらい、系統学的には無意味です。monkey、ape、man という分類には、系統学的基準と人間中心主義的 (anthropocentric) な基準という、2 つのものさしが混在しているのです。はたして、私たちは古代中国の事典のハチャメチャな分類法を笑えるのでしょうか。

　英文法の例で言えば、仮定法の分類がいい (悪い) 例です。動詞が過去形だから「仮定法過去」、過去完了形だから「仮定法過去完了」と名づけられているのに、その一方で「未来形」でも何でもない if + S + were to V などを「仮定法未来」などと平気で呼ぶ人がいます。「意味が未来だからいいじゃない」というのなら、「仮定法過去」のほうも、意味が現在なのだから「仮定法現在」にしなければならないでしょう。形と意味という次元の違う基準が交じってしまっています。こんなふうに英文法の用語は、かつて作られた不自然な分類法・命名法をひきずっていることがあります。

⑤カテゴリーにつけられた名前にまどわされること「名は体を表さず」

　変な名前が理解を妨げることは他にもあります。「仮定法」は、何かを仮定するときにだけ使われるのではありません。現実世界を描くための「直説法」(これも変な名前) に対して、想像された世界を描く形なのだから、「想像法」とか、一部の人が使っているように「叙想法」と名づけるべきものです。「過去分詞」は厳密には過去を意味するわけではありません。「連鎖関係節」は関係節がいくつも連鎖しているわけではありません。there は「副詞」と呼ばれますが、名詞にかかることもできます。これらはみな名前のつけ方が悪いのです (もっとも、この本では読者のみなさんを混乱さ

せないように、なるべく普通に使われている文法用語を使うようにしていますが)。

⑥ **分類的思考のリスクは、この分類リストに書かれたもの以外にないと考えること**

「人間には３つのタイプがある」というような言い方をするときには、たいていその３つのタイプのどれにもあてはまらない人間が切り捨てられています。分類的思考には他にもまだまだ落とし穴があるでしょう。分類的思考に限らず、仮説とか理論とかパラダイムといったものは、対象を分析する手段であるはずなのに、気がつくと絶対視され、自己目的化していることが少なくありません。

ゴータマ・シッダールタは「いかだで岸にたどり着いたら、もういかだはいらない。どんなにありがたいいかだでも、それをかついで行く必要はない。捨てるべきである」と言ったそうです。いかだを「教義」とか「理論」と置き換えて読んでみてください。

人工知能の研究者、西垣通氏の言葉もあげておきます。

ものを考えていこうとすれば、つじつまの合った理論やモデルにもとづかねばならない。精密な理論を扱えるヒトは頭のよい秀才である。だが理論とは所詮は風諭(アレゴリー)である。現実によってやがて解体される運動性をはらむものである。理論を作るうえで切り捨てられた部分の痛みを忘れるならば狂信者と変わりはない。

　　　　　　　──『AI　人工知能のコンセプト』(講談社現代新書) より

それでは、キャラクターのミーム君といっしょに
英語の謎解きツアーに出発しましょう！

「可算名詞」と「不可算名詞」の違いが見える！

— バラバラ？ それともカタマリ？ —

　ある有名な女性雑誌の英会話のページを見ていたら、「ホテルで」と題し
ベルボーイのせりふとして、次のような英文が載っていました。

　How many baggages do you have?
「お荷物はいくつありますか?」

　今、パソコンでこの文を打ったら、baggages の下に誤りを示す波線が
現れました (便利な世の中になったものです)。どうしてでしょう?

　英語には 2 種類の「もの」があります。thing と stuff です。訳せばどち
らも「もの」ですが、thing は**ひとつひとつの境界がはっきりしていて個別
にイメージできる**「もの」、stuff は**切れ目がなく形もはっきりしないカタマ
リのようなイメージ**の「もの」を指します。thing は数えることができます
が、stuff は数えられないので**量**でとらえます。

　英語のすべての名詞は thing の仲間＝**可算名詞**と stuff の仲間＝**不可算
名詞**の 2 つのグループに分かれているのです。

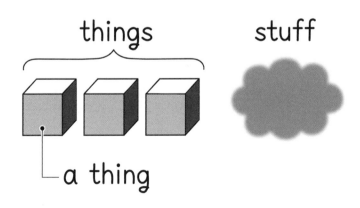

　英語の辞書で名詞を引くと、訳の前に必ず **C** とか **U** とかの記号があります。

　C は **countable**「数えられる＝可算」、**U** は **uncountable**「数えられない＝不可算」ですね。ちょっと **C** の名詞と **U** の名詞の基本的な性質を復習しておきましょう。

C 数えられる名詞	**U** 数えられない名詞
複数形がある	複数形がない
「数の形容詞」をつけられる	「量の形容詞」をつけられる
one で代用できる	one で代用できない

　おもな「数の形容詞」、「量の形容詞」、そしてどの名詞にもつけられる「数と量の両方を表す形容詞」は次のとおりです。

数の形容詞句 （可算名詞につく）	数と量の形容詞句 （可算・不可算両用）	量の形容詞句 （不可算名詞につく）
few	no	little**
a few	some*	a little
a (〜) number of	a lot of	a bit of
several	lots of	a little bit of
many	plenty of	a 〜 amount of
each	more	a good deal of
every	most	a great deal of
a	most of	much
another	all	
数詞		

* 可算名詞の単数形につくと「ある」の意味。** 可算名詞についた場合は「小さい」の意味。

　さて、最初の問題ですが、baggage を辞書で引いてみると、はっきり **U**

と書かれています！　つまり、**baggage には複数形はなく many をつける
こともできないのです**。さっきの英文は **How much baggage** do you
have?　とすべきだったのです（もし荷物の個数を聞きたいのなら、How
many **pieces of** baggage do you have?　と言えばいいでしょう）。

　名詞が **C** か **U** かわからないと、ちょっとした作文にも自信を持てませ
ん。どうして不可算名詞なんてものがあるのでしょうか？

🔍 可算は「バラバラ名詞」、不可算は「カタマリ名詞」

　「数えられない名詞」(uncountable noun) のことを英語ではよく
mass noun「**カタマリ名詞**」と呼びます。「不可算名詞」よりとっつきやす
く感じませんか？　ついでに、これに対する「数えられる名詞」
(countable noun) は、「**バラバラ名詞**」と呼んだらいかがでしょう？　「バ
ラバラ」か「カタマリ」か——英語は名詞をいつもこの 2 つのモードに分け
る言語なのです。

　カタマリ名詞は次の 4 つに分けて考えるといいと思います。

物質系	**water, air, gold, stone, wood, butter, paper** など
品物系	**baggage, luggage, garbage, furniture, equipment, laundry, mail, hardware, software** など
情報系	**information, news, advice, knowledge** など
抽象系	**fun, luck, work**(仕事)**, progress, damage**(損害) など

　「**物質系**」が数えられないというのは、日本語で考えても自然ですね。
「空気 3 個」なんて日本語でも言いませんよね（液体が入れものに入ってい

るときは要注意。あとで研究します）。

　ところが stone は、「石ころ」の意味になると「バラバラ名詞」になり、a stone とか stones と言えるようになるのです。そういえば、The Rolling Stones（直訳すると「転がる石たち」）という名のバンドもありました。次の絵を見てください。石ころとしてバラバラにとらえれば **C** stones、物質＝カタマリとしてとらえれば **U** stone となるわけです。

I threw **a stone** at the dog.
「私はその犬に石を投げつけた」
This building is made of **stone**.
「この建物は石材でできている」

　こんなふうに、**意味によって「カタマリ」モードになったり「バラバラ」モードになったりする名詞**がたくさんあります。これは、またのちほど考えます。

　今度は、「品物系」を見てみましょう。bag という語はカバンを1個ずつバラバラにとらえます。しかし baggage は（語源は bag と同じですが）、カバンがいくつあろうと、まるで物質のように切れ目のないカタマリとしてとらえるのです。ビジュアル化してみましょう。

　どうして荷物をカタマリでとらえるのでしょう？　日本語で「荷物が多い」
と言うとき、どんなイメージが浮かびますか？　小さなハンドバッグを4個
持っている人と、大型のスーツケースを2個持っている人では、どちらのほ
うが「荷物が多い」と感じるでしょうか。やはり荷物は、数より量でとらえた
ほうが実用的だと思いませんか？

　furniture「家具」はどうでしょう？　引っ越しの手伝いを頼まれ、「家具
は3個だけ」と聞いて行ってみたら、巨大なタンスが2つに、すごく重い本
棚が1つだったらどう感じますか？　そう考えると、これも量でとらえたく
なるのは、わかるような気がします。こうしてみると、**「品物系」のカタマリ
名詞には、いろんな大きさや形のものをひっくるめて指すような名詞が多
い**ですね。

言葉は変わっていく

　mail「郵便物」も普通はカタマリ名詞として扱われます。これもはがきや
手紙、小包など、いろんなものをまとめて指す名詞ですね。ところが、おも
しろいことに、e-mail「Eメール」は send **an e-mail** のようにバラバラ
名詞として使えるのです。

　e-mail という言葉が生まれたのは1980年代です。はじめは an e-mail

とか two e-mails とか言うのは「文法的に間違い」とされていたようですが、今では可算名詞扱いが定着しています。言葉は変わっていくものなのですね。ちょっとデータを見てみましょう。ぼくの持っている映画・ドラマ・ニュースの英語のデータで mail と e-mail の形を調べてみました。

a mail		36（約 1.0%）
mails		65（約 1.9%）
an e(-)mail		**573（約 17%）**
e(-)mails		**609（約 18%）**

それぞれ 3,400 例中のデータ。a mail、mails は voice mail が多い。

ご覧のように、e(-)mail には an がついたり、複数形になったりしたものがとても多いですね。e(-)mail は立派な可算名詞と言えるようです。

Google Books Ngram Viewer で変化の歴史を見てみましょう。ここでは Google Books のぼう大なデータから語句の使用頻度をグラフの形で見ることができます。縦軸が頻度、横軸が年代です。

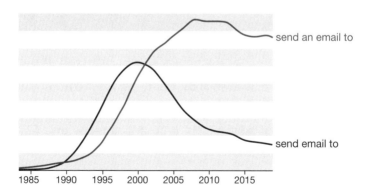

出典：Google Books Ngram Viewer
https://books.google.com/ngrams/

ご覧のようにEメールが生まれた1980年代から2000年くらいまでは email は a がつかない不可算扱いが多かったのですが、21世紀に入ると a がついた可算名詞扱いのほうが優勢になってきたようです。

　Eメールは郵便物と違って、あまりいろんな形というのはないですね。そのへんが可算名詞になった原因かもしれません。一方、前ページの数字からもわかるように、mail はEメールの意味で使われるときでも、まだカタマリ扱いが多いみたいです。メグ・ライアンとトム・ハンクスのラブコメディ映画 *You've Got Mail*『ユー・ガット・メール』は、当時のAOL社の着信メッセージがそのままタイトルになっているのですが、この Mail には a もついていないし、複数形にもなっていません。つまり、不可算名詞扱いです。

　さて、「**情報系**」です。たしかに「どうしてニュースを数えちゃいけないの?」と言いたくなります。ニュースの記事や項目を表す story や article、item は **C** なのです。でも、英語の news は情報を物質のようにカタマリとしてとらえるための言葉なのです。この「情報系」と「抽象系」のカタマリ名詞は、とくに注意が必要です。

🔍 訳が同じでも油断は禁物!

　日本人が英語を使うとき、気をつけるべきなのは、**訳には同じ語が使われるのに C の名詞と U の名詞がある**ことです。advice は **U** です。でも、同じ「助言」という訳があてられる tip という語は、**C** なのです。tip を辞書で引くと a piece of advice と書かれています。a piece of は不可算名詞を数えるときに使う表現ですね

- × He gave me **an advice [many advices]** on how to succeed.

- ○ He gave me **a tip [many tips]** on how to succeed.

「仕事」の work U と job C、「進歩」の progress U と advance C も要注意です。また、同じ「楽しみ」でも、pleasure や joy は複数形になることがありますが（次の項目参照）、fun U は複数形がありません。

「旅行」も travel は普通は U で、「一般に旅行すること」を意味し、trip C は「個々の具体的な旅行」を意味します。

🔍 同じ語なのに C と U がある

見かけが同じなのに、どんな意味で使われるかによって **C になったり U になったりする名詞**も、日本人泣かせです。

たとえば、paper は物質としての「紙」の意味では U ですが、「新聞」「論文」という意味では C です。

髪の毛は、She has long **hair**. のようにカタマリでとらえると U ですが、1本ずつバラバラに意識するときは C 扱いになります。たとえば、I found **a hair** in my soup.「スープに髪の毛が1本入っていた」のように。

次のような例にも注意してください。

surprise
- **U** 驚きの感情
- **C** 人を驚かす物事

pleasure
- **U** 喜びの感情
- **C** 人に喜びを与える物事

一般的に言って、**感情**はとらえどころのないものですから、不可算名詞です。ところが、感情を表す名詞が「**感情を引き起こす物事**」を指すときは可算名詞になることがあります。

1) Alice jumped up in **surprise**.
「アリスは驚いて跳び上がった」

2) I have **a surprise** for you.
「きみをびっくりさせるものがあるんだ」

3) "Could you help me?" "Yes, with **pleasure**!"
「手伝ってくれる?」「ええ、喜んで!」

4) Reading is one of the greatest **pleasures** in life.
「読書は人生の大きな喜びのひとつだ」

1)、3) では、**感情そのもの**を表す用法なので不可算名詞です。2) では、a surprise は you をびっくりさせるようなプレゼントなどを指しているので **C** です。4) では、pleasures は**人を喜ばせる具体的なもの**を指します。したがって、可算名詞です。

次のようなパターンもあります。

work
- ① **U** 仕事、作業
  I've got so much **work** to do.
  「やるべき仕事がいっぱいある」
- ② **C** 作品
  These are Dali's **works**.
  「これらはダリの作品だ」

building
- ① **U** 建設すること、建築術
  building of basic infrastructure
  「基本的なインフラの建設」
- ② **C** 建物
  renovation of old **buildings**
  「古い建物のリフォーム」

①は行為自体を表すので数えられません。でも、②のように、その**行為の結果として生まれたものは可算名詞**となります。painting、drawing などにも同じような使い分けがあります。

beauty
- ① **U** 美しさ、美
  Beauty is in the eye of the beholder.
  「美は見る人の目の中にある」
- ② **C** 美しいもの、美人、美男
  He is **a beauty**.
  「彼は美男子だ」

①は性質なので数えません。でも、②はその性質を持つ具体的なものなので数えられます。普通の辞書に載っているのはここまでですが、次の文を見てください。

There is **(a) beauty** in simplicity.
「シンプルさの中には美がある」

この格言の中の beauty は明らかに①の意味ですが、a がつくこともあります。この a は「1 つの」というよりは「一種の、ある種の (a kind of)」という意味でしょう。この意味の a は辞書で となっている抽象的な名詞にもつくことがあります。

ドリンクの注文──種類によってこんなに違う！

　飲み物は物質ですから、すべて U のはずですね。ところが、レストランで注文するときなど、グラスやカップに入った状態では C 扱いになって、a や数詞をつけ、I'd like **a coffee**. / I'd like **two beers**. のように言うことがあります。ただ、飲み物の種類によって U と C の使い分けには特徴があります。次のグラフは Google Books Ngram Viewer を使って would like [　　] という文の中で各種の飲み物がどんな形で使われるかを調べた結果です。

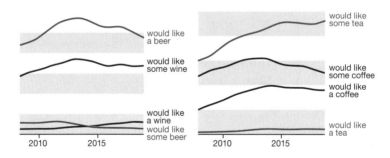

出典：Google Books Ngram Viewer
https://books.google.com/ngrams/

　同じお酒でも a beer C は some beer U よりはるかに多く、wine は逆に some wine が多いです。また coffee は some coffee U と a coffee C の差が小さいのに tea では some tea U が圧倒的ですね。

🔍 **ⒸかⓊかは言語によって変わる**

こうして見てくると、Ⓒ と Ⓤ ってどうもスパッと白黒つけられるもので は なさそうです。Ⓒ と Ⓤ の両極の間には灰色のグラデーションの領域がある みたいです。理屈よりは習慣みたいな部分がある気もするし。たとえば、 pea、bean「豆」は小さくても数えられるのに、corn「トウモロコシ」は ジャイアントコーンでもなぜ不可算名詞なのか？　wheat「小麦」は Ⓤ で、 なぜ oats「からす麦」はいつも複数形なのか？　謎はいくらでもあります。

　私たちは、外国語というと英語のことばかり考えがちです。でもじつは、 フランス語では荷物 (bagage) は Ⓒ なのです。ついでに information も、 これに対応するフランス語 (information)、スペイン語 (información)、 イタリア語 (informazione)、ドイツ語 (Information) には、ちゃんと複 数形があります。ということは、これらの言語を母語にしている人たちも、 英語を使うと、きっと間違ってしまうでしょうね。つまるところ、Ⓒ か Ⓤ か はその言語特有の認識の仕方だと思ったほうが、かえって気が楽かもしれま せん。

考えてみよう！

A （　　　）にあてはまるもっとも適切な語句を選んでください。

Can you tell the difference between rice grown in Japan and （　　　）?
① American one　　② American rice
③ one of America　　④ rice of America

B （　　　）にあてはまるものを選んでください（1つとはかぎりません）。

I dislike （　　　） on Sunday.
① fireworks　　② homeworks
③ overworks

C （　　　）にあてはまるもっとも適切な語句を選んでください。

You've got （　　　） on your tie. Did you have fried eggs for breakfast?
① a few eggs　　② an egg
③ some egg　　④ some eggs

（大学入試センター試験）

D chicken はまるごと1羽ずつなら **C**、肉としては **U** です。I ate a chicken. は「ニワトリを1羽食べた」の意味で、「チキンの料理を食べた」と言いたいときは I ate chicken. です。では、チキン料理を2つ頼みたいときはどう言えばいいでしょう？

E leg は普通に考えると **C** です。たとえば An insect has six legs. のように。でも leg も不可算名詞になることがあるのです。どんなときでしょう？　辞書を見ないで考えてみてください。

F 次の英文は正しいですか。正しくないものはどう直せばいいですか。

1) Feeding seagulls is one of the funs of the boat tour.
「カモメにエサをやるのはボートツアーの楽しみのひとつだ」

2) We use a lot of slangs.「私たちはスラングをたくさん使う」

3) He plays many percussions.「彼はたくさんの打楽器を演奏する」

26

解答・解説

A 「日本で栽培されている米と（　　）の違いがわかりますか?」の（　　）に入れる語句は、選択肢を見ると「アメリカの米」という意味であればいいわけですね。でも、ここで「同じ語を繰り返すのはよくないので one で代用する」と習ったことを思い出して、「American one かな、one of America かな」と考えてしまうと、ワナにはまります。最初にまとめたように、**one は不可算名詞の代用にはなれません**（→ p. 15）。そして rice は不可算名詞です。したがって、①も③もダメ。④の rice *of* America は前置詞の使い方が変です。「私は日本の学生です」を I'm a student of Japan. とは言わないでしょう。rice *from* America ならいいかも。ということで、正解は、いちばん普通っぽい②**American rice**。別に、同じ語を繰り返してはいけないというルールがあるわけではないんです。

これはかつてセンター試験で出題された問題ですが、センター試験史上もっとも正答率が低かった問題のひとつだそうです。6 割ほどの人が①か③を選び、正解②を選んだ人は 10% ほどしかいなかったそうです。

B 「日曜日に嫌いなものは、もちろん宿題、だから答えは② homeworks だ!」なんて思った人はいませんか?　意識調査じゃありませんよ。正解は、①**fireworks**「花火」だけです。homework と overwork「超過勤務」は不可算名詞なので、そもそも複数形がないのです。なぜでしょう?

この 3 つの単語はどれも work を含んでいますね。**work は意味によって C と U が変わる**のです。「仕事（作業・職業）」の意味では U ですが、「作品」の意味では C なのです。「宿題」「超過勤務」は仕事の一種ですね。だから U 。一方、花火は一種の芸術作品ですから、C だと考えておけばいいでしょう。とくに1 発の花火を指すとき以外は、複数形で使うことが多いです（うちのデータでは fireworks : firework = 1340 : 47）。

それにしても、この問題、ユニークですね。穴埋めなのに選択肢だけ見れば答えが決まります。それに、なぜ日曜日に花火をするのがいやなのでしょう?　この問題を作った関西学院大学の先生に聞いてみたいです。

C この文の意味は「ネクタイにタマゴがちょっとついてるよ。朝食に目玉焼きを食べたの?」です。

タマゴは数えられるに決まってる? そうではありません。パックに入ったタマゴははっきりした形があり **C** ですが、タマゴを割って出した中身は液状で、もはや物質です。はっきりした形がないから **U** なのです。**正解は③。**「いくらかの量のタマゴ」です。①②④だとタマゴが丸ごとネクタイにくっついているという、シュールな状態になります。

では、問題の後半に出てくる fried eggs は、なぜ複数形なのでしょう? "fried eggs" をネットで画像検索してみてください。ほとんどの写真や絵が2つかそれ以上のタマゴを使っていることがわかります。ただし、おもしろいのは、たとえ1個のタマゴで作った目玉焼きでも、fried eggs と呼んでいるサイトがあることです。料理の名前として定着しているからでしょうか。また ham and eggs も同じで、普通は2個タマゴを使います。では、「ハムエッグ2つ」はどう言えばいいでしょう? それには two plates of ham and eggs という言い方があるようです。

「タマゴを割って出したのが **U** なら、なんで scrambled eggs と言うんだよ?」と思った人、するどいですね。辞書には、単数形・複数形両方あり、となっていますが、うちのデータでは scrambled eggs が161例に対し、scrambled egg は7例しかありません(なお、7つの単数形のうち、1つは上の問題のよう

some egg
on your tie

an egg
on your tie

28

に、服についたスクランブルエッグの意味でした)。スクランブルエッグはぐちゃぐちゃになって境界がありませんよね。ぼくもよくわかりません。これも（普通は複数のタマゴを使う）料理名として決まっているのでしょう。その証拠に、複数形なのに単数扱いなのです。たとえば、Scrambled eggs is my favorite.「スクランブルエッグは私のお気に入り」のように。ham and eggs も同じく単数扱いです。

D ぼくは機内食を頼むとき、"**Chicken for the two of us**, please." と言ったことがあります。two chickens と言うのがいやだったからです。それでちゃんと通じました。

でも文法のテストじゃないですから、実際の場面ではあまりこだわらなくていいと思います。"Two chicken(s)." でも "Chicken two." でも、笑われたり、丸焼きが2羽出てきたりはしないでしょう。アメリカ人の先生に聞いたところ、**two dishes of chicken**「チキン料理2皿」とも言えるそうです。

E たとえば、I like leg of lamb. の leg は **U** です。「子羊の脚の肉が好きだ」という意味になります。ついでに、ここでは lamb も「子羊の肉」の意味で、**U** になっていることに注意してください。このように、動物の名前を **U** として使うとその動物の肉の意味になります。「私は（動物としての）イヌが好きです」を I like dog. と言ってはまずいのはそのためです。一方、動物としての lamb はもちろん **C** ですね。映画『羊たちの沈黙』の原題は *The Silence of the Lambs* です。他にも、次のようなものもあります（ちょっとアダルトな例で恐縮ですが…）。

a) "Show me **more leg**, sweetie".
「もっと脚見せてよ、おねえちゃん」

b) Women in Saudi Arabia who drive cars or show **too much leg** are routinely persecuted by the mutawain, the country's dreaded "morals police". (CNN)
「サウジアラビアの女性は、車を運転したり脚を露出しすぎると決まって、mutawain（この国で恐れられている「道徳警察」）に迫害を受ける」

これらの leg は明らかに **U** として使われています（もし **C** なら、more があるので複数形の legs になるはず）。a) は大人が行くお店で（ぼくは行ったことがないのですが）、なかなか脚を見せてくれないダンサーにおじさんがかけた言葉でしょう。ここでは、脚の本数ではなく見せる面積が関心の対象なので、量的に認識され **U** になるのです。辞書には載っていない用法です。

こうして見ると、stone の話のときにも言いましたが、**C** と **U** というのは、**名詞によって固定しているというより、認識のモードによって変わってしまうもののようですね。**

F すべて日本・中国・韓国などのサイトによく見られる誤りです。

1)はある日本のサイトにあった文。fun は **U** で複数形がないので注意。同じ「楽しみ」でも pleasure、joy、delight は不可算・可算両方に使えます（→ p. 21）。one of the pleasures [joys] of ... あるいは fun を形容詞として使い one of the fun **things** of ... などにすれば OK。

2) は中国のサイトにあった文です。slang は **U** です。ぼくも大学生のころ、アメリカ人と話していて slangs と言ってしまい、即直された思い出があります。a lot of slang にするか a lot of slang **words** にすれば OK。

3) インドのサイトにあった文。ぼくもむかし、依頼された CD のライナーノーツの英訳をアメリカ人の先生にチェックしてもらったら、percussions を percussion に直せと言われました。drum は可算ですが percussion は普通 **U** なので a lot of percussion にします。考えてみると percussion もドラムやシンバルやカスタネットなど「**いろんなものをまとめて指す**」名詞ですね（→ p. 18）。He plays a lot of percussion **instruments**. とも言えます。

Lecture 2

the と a の 違いが見える！

― 意識の世界は伸縮自在？ ―

the の意味は「その」でいいの?

Pearl Harbor『パール・ハーバー』というアメリカの戦争映画に、こんな場面があります。手紙を書いている兵士に、上官がたずねます。"Family?"「家族に書いてるのか?」兵士は答えます。"Girl, sir."「女性にです」。しかし、兵士はすぐに言い直します。"**The** girl." と。The に強勢が置かれています。おもしろいのは、そのときの字幕が「**恋人です**」となっていることです。

どうして girl に the がつくと「女性」から「恋人」になるのでしょうか? **注1** the の意味っていったい何でしょう。「その」に決まってる?　でも上の例のように、「その」とは訳せない the が多すぎやしませんか?　たとえば、**the** world、**the** United States、**the** Beatles などの the は、いったい何のためについているんでしょう?

今回は、ちょっと違う角度から the の正体を考えてみます。

注1 Longman Dictionary によると、現代では girl を恋人の意味で使うのは old-fashioned だそうです。

 ## the は「それですべて=それだけ」のしるし

冠詞だけを論じた本がたくさん出ているくらいですから、the の意味・用法をひと言で説明するなんて、もちろん無理です。文法書にはたいてい「the は聞き手にとって唯一的に同定可能なものにつく」というようなむずかしい説明が載っています。でも、「the のいちばん大切な意味って何?」と問われたら、ぼくは迷わず言うでしょう。「**包括=すべての**」です!　と。

ある辞書で the を引いたら、11 番目の項目にやっと「すべての」という

意味が載っていました。でもぼくはこれこそ、一見複雑怪奇な the の使い方の多く（全部とは言いません）を解くカギだと思うのです。

伝説のバンド **the** Beatles を例にとりましょう。the をつけるほうがカッコイイからつけた、なんてことはありません。次の文を見てください。

Paul was **a Beatle**.
「ポールはビートルズのメンバーのひとり（＝部分）だった」

Paul and Ringo were **Beatles**.
「ポールとリンゴはビートルズのメンバー（＝部分）だった」

John, Paul, George and Ringo were **the Beatles**.
「ジョン、ポール、ジョージ、リンゴは（全部そろって）ビートルズだった」

a Beatle

Beatles

the Beatles

というわけで、4人全部そろったときはじめて the がつくのです（残念なことに、the Beatles は現実世界にはもう存在しませんが）。一方、**the がつかなかったり、a や some がついたりしているときは、ある部分を指すわけです。**

 the はすべてを包みこむ

　「包括」の the を使う例をさらにいくつか考えてみましょう。

　the United States に the がついているのも、50の州を全部まとめて1つの国にするためです。「それで全部」なので the がついているのです。国際連合も **the** United Nations です。the がついているからこそ、すべての加盟国を包括できるのです。**the** Johnsons が「ジョンソン一家（全員）」の意味になるのも、the の**包括する力**のせいです。*The Incredibles* 『Mr. インクレディブル』という映画のタイトルも、「インクレディブルさん一家」という意味（家族全員超能力者です）。**the** Japanese「日本人（全体）」、**the** rich「金持ちの人々（全体・一般）」も同じような用法と考えていいでしょう（→ p. 36）。

　この意味の the は複数形の名詞につくとは限りません。全世界、そして全宇宙も、1つしかないので **the** world、**the** universe というわけですね。

　「いなかに住んでいる」を英語で書くとき、live in **the** country の the を抜かしたり、a をつけたりする人が多いので注意してください。1つの国に city や town はたくさんありますが、いなかというのはつまり、国土からすべての都市と町（the cities と the towns）を除いた、残りの地域すべてですから、全部で1つなのだと考えることができますね。

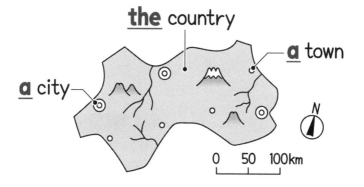

all = the only の論理

すべてを包むということは、「それで全部 (all)」ということですが、この意味はとりもなおさず「それだけ (the only)」という「排他的」意味にもなるのです。次の文がほとんど同じ意味だということを考えてみてください。

All you need is love.
「必要なすべてのものは愛だ」（直訳）

= **The only thing** you need is love.
「愛だけあればいい」

「太陽」**the** sun、「月」**the** moon、「地球」**the** earth と言うときは、これらの天体を「宇宙［太陽系］に１つしかないもの」ととらえています。では、もし a sun と言うとどうなるでしょう？ 「たくさんある sun のうちの１つ」になり、「恒星」という意味になってしまうのです。同じく **a** moon と言うと「衛星」という意味に変わってしまいます。「太陽・月」と間違いやすいので要注意です。

> Sirius is **a** sun of medium size.
> 「シリウスは中くらいの大きさの恒星だ」
>
> Titan is **a** moon of Saturn.
> 「タイタンは土星の衛星のひとつである」

では、「満月」は何と言うでしょう？　天体としての月は **the** moon です
が、満月がある文脈ではじめて言及されるときは、普通は **a** full moon な
のです。なぜでしょう？　天体としての月は1つしかありませんが、満ち欠け
を考えると、新月とか、三日月とか、たくさんの姿 (phases) があるからで
しょう。**満月はその中の1つ (＝部分) にすぎないので a がつくのでしょう。**

🔍 種類全体をまとめる the

次のような使い方も「全部をまとめる」という意味から理解できます。

1) **The** lion is a dangerous animal.

2) **The** telephone was invented in 1876.

3) **The** rich are getting richer.

　1) は「ライオンというのは危険な動物だ」という意味になります。個々の
ライオンではなく、**ライオンという種全体を指す**ために the がついているの
です。もっとも、これはちょっと学問的な感じがする言い方で、現代の英語
では Lions are dangerous animals. と複数形を使って言うほうが普通
ですが。

　一方、2) は「電話 (というもの) が発明されたのは 1876 年だった」。こ
れも個々の電話ではなく、「電話というもの」という一般的、全体的な意味
です。**the** television、**the** telescope、**the** airplane など「文明の利器」

と言うべきものは、一般的な意味ではよく the をつけて使います。

　3) は「金持ちはますます豊かになっていく」という意味です。この the は普通「形容詞を名詞化する the」と言われますが、この the も金持ちの人々をひとまとめにする働きを持っています。

 部分の of と全体の the

次の文はどこがまずいですか？

Most of students were against the proposal.
「ほとんどの学生がその提案に反対だった」

Most of students ではいけません。「今話題になっている学生のうちのほとんど」という意味なら、most of **the** students と the をつけるのです（漠然と「たいていの学生は」と言うのなら **most** students でいいです）。

なぜ most of students じゃだめなのでしょう？　この of は「〜のうちの」を表す「**部分の of**」です。**部分の話をするためには、まず全体の範囲がしっかり決まる必要があります**。分母がはっきりしない分数なんて意味がありませんね。students だと学生の全体集合ではなく、その集合の一部になってしまいます。だから **the をつけて全部をまとめなければならない**のです。

同じように one of、some of、half of など、**部分の of のあとの名詞には、原則として the をつける**必要があります（this、these、that、those、それに my、your などの所有格でも OK。これらには普通は the と同じ「包括」の意味が含まれています [→ p. 54]）。では、「ビートルズのメンバーのひとり」は何と言いますか？　そう、one of **the** Beatles ですね。

🔍 残り全部をまとめる the

other、the other、another などの使い分けでも the の働きに注意して
ください。

2つのものの片方 (one) を取ると、残るのは1つで、それで全部 (=それ
だけ) なので **the** other になります。3つ以上のものから1つを取った残
りをまとめて (=包括して) 言うときも、それで全部 (=それだけ) なので
the others と言うのです。

一方、3つのうち、1つを one として、残り2つからもう1つ選ぶときは、
それで全部ではないので another を使います。**an**other = **an** + other
= **one** of the others だということを意識してください。

ところで、「残り」は **the** rest と言いますね。いつも the がつくのはなぜ
でしょう?　そう、この the は **the** others の the と同じ働きをしている
のです。「アジアと世界」は Asia and **the** rest of the world です。アジ
アを除いた世界を**すべて包括するために the をつける**のです。

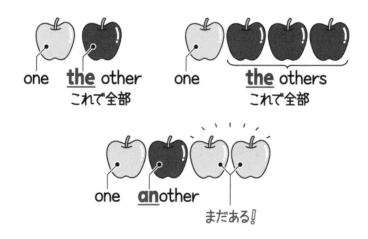

英語は唯一の国際語？

the が持っているこの「包括」の働きをちゃんと意識すると、いろんな the の間違いを減らすことができます。

「英語は国際語です」はどう言えばいいでしょうか？　English is **the** international language. でいいでしょうか？　うーん、ちょっとまずいかもしれない。というのは the をつけると「国際語は英語で全部＝英語だけ」ということになります。たしかに実際にはそうなりつつあるかもしれませんが、国連公用語のフランス語・スペイン語・中国語・アラビア語などを無視することになり、「英語帝国主義」とか言われそう。だから、English is **an** international language. のほうが無難というわけです。

以前、ネットの質問サイト Yahoo Answers を見ていたら、Is English **the** international language? という質問をしている人がいて、その答えに English is **AN** international language; so is Hindi; so is Spanish. というのがありました。

もっとも、分野を限定して English is **the** international language **of technology and business**. などと言うのは問題ないでしょう。うちのデータでは、international language の 138 例のうち、an がついたのが 89 例、the つきが 47 例で、the がついたもののうち 24 例は後ろに of の限定語句がついていました。

「限定がつくと the がつく」は迷信！

自分の学校の先生３人を紹介するのに、うっかり They are **the** teachers of my school. なんて言うと、山奥の分校みたいな小さい学校かと思われるかも。「私の学校の先生は３人で全部＝３人だけ」という意味

にとれますからね。3人は全先生の集合の部分にすぎないのだから、the はいりません。「名詞のあとに限定がつくと the がつく」と思っている人がいますが、そうとは限りません。

でも「学校の校長」なら **the** president of my school が普通です。学校に校長はひとりだけだからです。

では、次の（　　　）にはそれぞれどんな冠詞が入りますか？

---

4) Wendy is (　　) person who cannot hold her tongue.

5) Wendy is (　　) kind of person who cannot hold her tongue.

---

4) は「ウェンディはしゃべらずにいることができない人だ」という意味です。person は who cannot hold her tongue という関係節で限定されていますが、正解は a です。おしゃべりがとまらない人は世の中にいっぱいいますね。Wendy はそのうちのひとりにすぎないからです。「関係節がつくと名詞には the がつく」とは限らないのです。

一方、5) は「ウェンディはしゃべらずにいることができない種類の人だ」という意味。これは the が正解です。なぜなら、「しゃべらずにいられない人の種類（＝集合）」は世界に1つしかないと考えられるからです。うちのデータで〈kind of ＋人＋ who ...〉という構造を調べてみると、398 例中 394（99％）に the がついていました。

 the が使われている世界の大きさを意識する

次の the はどうでしょう。「その」と訳せる普通の the ですが。

> Once upon a time there was **an** old man in a village.
> **The** old man was very honest.

　はじめて物語に登場するとき、old man は、想像の世界も含めた全世界にたくさん存在する老人のうちのひとり（部分）にすぎないので an がつきます。でも 2 度目になると、第一文で設定された「この物語の世界」の範囲では、old man と言うと、さっき出てきた老人しかいない、つまりそれで全部＝それだけなので the がつくのです。

　the が関係する「世界」＝意識されている範囲を考えることは大切です。たとえば **the** door of my room では、the は「私の部屋」というとても狭い世界に 1 つしかない door を指すために使われています。sun に the がつくのは、太陽が太陽系という世界に 1 つしかないからでしたね。このように、**the が関係する世界の範囲は、文脈により伸びたり縮んだりする**のです。これは英語を読むときにとても大切なことです。わかりにくい the に出あったら、「筆者はこの the をどういう範囲の世界を意識して使っているのかな？」と考えてみましょう。

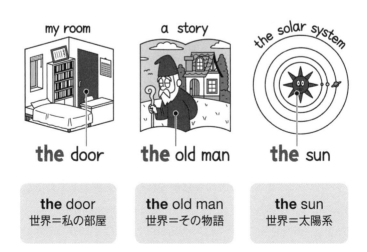

| **the** door
世界＝私の部屋 | **the** old man
世界＝その物語 | **the** sun
世界＝太陽系 |

王子さまは the prince?　a prince?

　映画 *Cinderella*『シンデレラ』を見ていたら、a と the の対比があざや
かな会話が出てきました。Cinderella と王子は、舞踏会ですばらしいダン
スを披露したあと、舞踏会が行われている大広間をぬけだし、ふたりきりに
なって次のような会話をかわします。

> Cinderella: So, you're **the** prince!
> Prince: Not "**the** prince," exactly. There are a bunch
> of princes in the world. I'm only **a** prince.

　シンデレラは王子を "**the** prince" と言っています。一方、王子は自分の
ことを "**a** prince" にすぎないと言っています。ふたりの表現はなぜくいち
がったのでしょう？

　ぼくはよく作文の講義で「**a + X は one of the + Xs の意味ですよ**」と
言うのですが、この王子のせりふはまさしくそのことを教えてくれています。

> I'm only **a** prince. = I'm only **one of the** princes in
> the world.

　the + X の X が複数の名詞のときは、**今意識されている範囲の中にある
すべての X をふくむ集合**を意味します。だから **the** prince**s** in the world
は世界のすべての王子の集合を意味します。そう、the は「**それしかない＝
それですべてだ**」という意味、「**包括**」の働きを持っているのでしたね。

　一方、the + X（単数名詞）は「**今意識されている範囲**」に **X がただ１つ
しかない**ことを意味します。でも Cinderella が "the prince" と the を
使ったのは、彼を世界にただひとりの王子だと思っていたからではないで

42

しょう。彼女はたぶん「今ふたりがいる王国の中で、ただひとりの王子」という意味でこの the を使ったのでしょう。彼女はこの the を使ったとき，この王国の範囲しか意識していなかったでしょう。世界全体など意識していなかったのです。

王子だってそんなことはわかっていたはず。ところが王子はここでわざと「**意識の範囲**」を全世界に拡大して「自分は世界にひとりだけの王子じゃない」と言ったのです。

普通なら会話は同じ意識の範囲を共有して行われるものです。ではなぜ王子はこんなことをしたのでしょうか？　もう気づいた人がいると思いますが、これには謙遜の意図があると思われます。つまり先ほどの会話を「文法的」に訳すと

Cinderella 「あなたは（この国の中で）ただひとりの王子さまだったのですね！」

Prince 「ぼくは厳密には『ただひとりの』王子ではない。世界にはたくさんの王子がいる。ぼくは（世界のすべての王子たちの中の）ひとりの王子にすぎないよ」

謙遜すると同時に、王子のこのせりふは，自分を客観的に見ることができる知性をも彼女にアピールしているのかもしれません。自分の国しか考えていないのではなく、自分をより広い世界のなかでとらえていることを示すわけですから。

この例が示すように、同じ対象に a を使うか the を使うかは、表現者の認識によって異なることもあるのです。重要なのはそれぞれの表現者がどのような「**意識の範囲**」にもとづいて語っているかということなのです。

 ## the か a か、それが大問題だ！

Shakespeare の *Hamlet*『ハムレット』の名ぜりふ、To be or not to be, that is the question. は、「このままでいいのか、いけないのか、それが問題だ」(小田島雄志訳) などと訳されていますが、なぜ question に a でなくいきなり the がつくのでしょう？

the を辞書で引くと「**典型的な、真の、もっとも必要な**」などという意味も載っています。the を「その」と考えても、こんな意味は絶対に出てきません。「**すべて**」と考えればどうでしょう？　そう、悩めるハムレットの頭の中では、今 To be or not to be が問題のすべて (＝それだけ) で、他の question など眼中にないのです。

ある日、ゴールデン・グローブ賞の授賞式をテレビで見ていたら、アメリカの俳優トム・ハンクスが同じ俳優仲間のウォーレン・ベイティの紹介をするときに、

"Warren Beatty has been **the** actor and **the** producer and **the** director and **the** screen writer."

と言っていました。普通の紹介なら a をつけるところです。全部の the が強

く発音されていました。これも the の「すべて→それだけ→他のヤツなんか目じゃない」という意味を強調しているのです。だから、「ウォーレン・ベイティは最高の俳優にして、最高のプロデューサー、最高の監督、最高の脚本家です」という意味になるのです。もちろん、これは「私（トム・ハンクス）の主観的世界の中では」という気持ちなのでしょう。

　また、*The Avengers*『アベンジャーズ』という映画が日本で公開されたとき、「日本よ、これが映画だ」というちょっと上から目線なキャッチコピーが使われましたが、英語の掲示板などでも、このコピーが "Japan, this is **THE** movie." と訳され、"this is too epic"「このコピーはちょっと壮大すぎる」というコメントがついていました。

 the を a にしたらナンパ失敗？

　さて、そろそろ最初の *Pearl Harbor* の話に戻りましょう。

　もうおわかりでしょう。"**The** girl." だからこそ「その女性がすべて」＝「彼女だけ」＝「彼女こそぼくの世界でたったひとりの大切な人」という意味が生まれるのです。

　ちょっと陳腐だそうですが、"You're **the** girl for me." というくどき文句もあります。これも the があるから「きみこそ、ぼくにとって、この世でたったひとりの運命の人だ」という情熱的な意味になるわけです。もしこの the を a にしたら、ナンパの成功率は絶望的に低くなることでしょう。

　アメリカ人の先生に、「もし女性に対して You're **a** girl for me. と言ったら、どんなふうに聞こえるでしょうか」とたずねてみたら、彼は顔をしかめて "That would sound terrible!" と言っていました。a girl だと「世の中にぼくに合う人はたくさんいるけど、まあ、きみもそのひとり（部分）だね」という感じになってしまうでしょう。これじゃ、言われた女性はちっともうれしくありませんね。見かけは小さいけれど、あなどりがたい the の威力です。

　というわけで、結局 "You are **the** girl for me." の the も、**the** sun の the も、同じ意味だったのです！　どちらもある世界＝「意識の範囲」を設定し、「その世界の中ではそれがすべて、それだけ」という働きをしていたのです。「ぼくの世界にひとりだけ」と「太陽系に１つだけ」の違いにすぎなかったのですね。そういえば、イタリア語（正確にはナポリ語）の歌で 'O sole mio「ぼくの太陽」というのがありましたっけ。女性に「きみはぼくの太陽だ」と言っているのですが、じつはこの 'O は the と同じ定冠詞なんです。

　the が持つ「全体を包みこむ」イメージ、なんとなくわかっていただけましたか？　最後に Taxi Driver『タクシードライバー』や The Silence of the Lambs『羊たちの沈黙』で有名な女優ジョディ・フォスターが Inside the Actors Studio というトーク番組で語ったちょっといい言葉を紹介して、**The** End ということにします。

"If Heaven exists, what would you like to hear God
say when you arrive at the Pearly Gates?"

「もし天国があったとしたら、あなたが天国の門に着いたとき、神様に何と言ってほし
いですか?」

"Your way was **the** way."

「きみの選んだ道は正しかった」

Ⓐ 次の文の意味が自然になるよう、それぞれの（　　　）に the か a を入れてください。

Take a look at this picture. These are my sisters.
（　a　）girl wearing（　b　）green sweater is Meg.

Ⓑ 次の英文は、第二次世界大戦を描いたアメリカ映画 Patton『パットン大戦車軍団』の冒頭に出てくる、アメリカ機甲部隊司令官パットン将軍のスピーチの一節、下はその字幕です。字幕に誤りがあれば指摘してください。

Now I want you to remember that no bastard ever won a
war by dying for his country. You won it by making the
other poor dumb bastard die for his country.

「おくびょう者が祖国の勝利のために命を捧げたためしはない。バカ正直な戦友を死なせて勝利を握るだけだ」

Ⓒ 次の会話の（　　　）にあてはまる語を考えてください。B の 2 つめのせりふは一種の決まり文句です。

A: I'm getting married.
B: My God, Emma, this is pretty sudden isn't it? Who's
（　a　）（　b　）guy?

解答・解説

A ［正解］**(a) The (b) the**

写真には何人かの女性が写っているわけですが、(b) で "a" を選ぶと緑のセーターを着ている女性がふたり以上いるかのように聞こえます。それでは Meg を特定できません。"the" を使えば、この写真の中の世界に緑のセーターが１つしかないことを表せます。そして、そのセーターを着ている女性もひとりに決まるので (a) にも "The" が入ります。

B 「バカ正直な戦友を死なせて勝利を握るだけだ」というところが、まったく違っています。other poor dumb bastards とか another poor dumb bastard なら、まあ一緒に戦っている仲間ととれないこともないでしょうが、**the** other poor dumb bastard と言っているのですから、この文の主語 You に対立するただ１つの存在、つまり敵（ドイツ軍）の兵士に決まっています（→ p. 38）。the ひとつでもバカにできません。全体を訳し直してみます。

「祖国のために死んで戦争に勝ったやつはいないことを覚えておいてほしい。戦争に勝ったのは、あわれな敵のバカをそいつの祖国のために死なせてやったやつなんだ」

C ［正解］**(a) the (b) lucky**

A 「私、結婚するの」
B 「あらまあ、エマ、ちょっと突然じゃない？　そのラッキーな男はだれなの」

　Who's **the** lucky guy? は、女性が結婚すると聞いたときの決まり文句です（逆の状況ではWho's the lucky girl?）。guyははじめて話題に出た語ですが、「ある女性が結婚する」という状況（世界）が導入されれば、その中には相手となる男性がただひとりいることは確実ですね。だから **the** lucky guy といきなり the がつくのです（lucky はいわば「おせじ」でつけることになっているみたいです。でも、ふざけて Who's the unlucky guy? とか Who's the victim? と言うこともあるようです）。

Lecture 3

限定詞の
使い方が見える！

— Dear my friend? My dear friend? —

　あるとき、街を歩いていたら、dear my friend ♪〜という歌が耳に入ってきました。またあるときには、ネットで、another my story と書かれた日本人のブログを見つけました。

　今回は、分厚い文法書にすら、あまりまとまった説明が載っていなかったりする、小さいけれどとても大切な言葉たちのお話をしましょう。

　日本語には、名詞に修飾語をつけるのに、とくに厳しいルールはないようですね。「1 匹の黒い小さなネコ」でも、「小さな 1 匹の黒いネコ」でも、「小さな黒い 1 匹のネコ」でも、どれが正しいとか間違っているとかいうことはありません。ところが英語には、名詞を修飾するために名詞の前に置く言葉について、はっきりしたルールがあるのです。

　まず、先頭に来るのは a [an] や the、つまり**冠詞**ですね。頭につくから「冠（＝かんむり）詞」なのです。じつは、冠詞には a [an] と the の他にもたくさんの仲間があるんです。そのような冠詞の仲間には、正式には**「限定詞 (determiner)」** 注1 という名前がつけられています。この仲間は 1 つにまとめて考えるとすっきりするのですが、なぜか「限定詞」という章がない文法書が多いのです。

　現代の英米の英語辞書には "determiner" という品詞表示があるのが普通なのに、日本の英和辞典は a も the も「形容詞」としているものがかなりあります。

注1　determiner は「決定詞」と訳されることもあります。

限定詞の分類

おもな限定詞をまとめてみましょう。

■ 表A

	定 (definite)	不定 (indefinite)
冠詞	the	a, an, another, (some, any, no)
指示形容詞	this, these, that, those	疑問のwhat, which
所有形容詞	my, our, your, his, her, its, their, 名詞's	whose

■ 表B

数量形容詞など	every, each, one, some, any, no, all, both, either, neither, many, much, (a) little, (a) few, most「ほとんどの」, half, 数詞 など
その他	such, 感嘆のwhat

　この表には、普通の辞書や文法書とちょっと違うところがあるかもしれません。表Aは**何かを指す働きを持つ限定詞**の仲間です。冠詞の欄にanother があるのにびっくりした人がいるかもしれませんが、**another は不定冠詞の an と形容詞の other が合体してできた語**なので、ここに入れることにしました。注2 どうも another が an を含んでいることがわかっていないせいで、この言葉の使い方を間違える人が多いようなので、an を強く意識してもらいたいのです。

　指示形容詞は、普通の本では「指示代名詞の形容詞的用法」と呼ばれる

ことが多いようですが、ここではシンプルに「指示形容詞」と呼ぶことにしましょう。同じく「所有格（の形容詞的用法）」と呼ばれる my、your なども**所有形容詞**としておきます。

　表Aの限定詞は「定」と「不定」に分けました。**「定（definite）」とは、単純に言えば、ある文脈の中で指示する対象がはっきり決まっていること**です。the は「定」冠詞ですが、指示形容詞 this、that や所有形容詞も普通「定」なのです。たとえば the girl と言えば、その文脈の世界でただひとりの女性を指しますが（→ p. 46）、同じように **that** boy も **my** wife もただひとりの人を指します。つまり、これらには、いわば **the の意味が含まれている**のです（→ p. 37）。また、じつは the と this、that はもともと語源が一緒なのです。これら「定」の性質を持つ限定詞をまとめて**「定冠詞ファミリー」**、**「定冠詞類」**と呼んでもいいでしょう。これらをまとめると、37 ページのような場合の説明に便利です。

　表Aの some、any、no は一種の冠詞と考えてもいいような気がするので、思い切って冠詞（不定）の欄に（　　　）つきで入れてみました。というのは、フランス語などの文法では、これらに相当する語は冠詞として扱われているからです。 **注3**　普通の文法の本では、これらは表Bの仲間に入れられています（今回はこっちにも入れておきました）。

　表Bの語も普通、限定詞の仲間とみなされています。数量形容詞（数量詞の形容詞的用法）は、名詞の数や量を表したり、あるものの部分の大きさを指したりします。これらを**不定形容詞**と呼ぶ人もいます。

　such と感嘆の what（たとえば、What a day!「なんていう一日だ！」の What）も限定詞に入りますが、あとでお話しするように、ちょっと変わった使い方をするので別扱いにします。

　それでは、限定詞を使うときのルールを見ていきましょう。

限定詞は VIP 席

　限定詞は、広い意味では形容詞に分類されていますが、普通の形容詞とは別格の VIP みたいな扱いを受けます。**限定詞が座る席は特等席、いちばん前の席**です。一般の形容詞のみなさんはここには座れません。かならず VIP 席のあとに並びます。これが第一のルールです。

　というわけで、先ほどの dear my friend ♪〜は文法的におかしいわけですね。限定詞の my よりも前に、普通の形容詞 dear が置かれてしまっているからです。

　ところが、歌詞検索サイトで調べてみると、dear my friend がタイトルになっている日本のポップスの曲は 53 曲、歌詞に入っている曲はなんと 177 曲！ も見つかりました。一方、英語として正しい my dear friend のほうはタイトルで 7 曲、歌詞で 36 曲しかありませんでした（もちろん、歌詞は詩の一種ですからどう書こうと自由ですし、日本人が聴いたり歌ったりするのなら何も問題ないでしょう。「直せ」なんて言うつもりはありません）。

　それから、ゲームのタイトルにも Dear My Friend というのがありました。本の題名にもありました。ここまで定着しているとなると、これはもう日本における英語の方言と言えるかもしれません。

Dear my friend はどうして広まった？

　いったいどうして、dear my friend という語順が日本でこんなに広がってしまったのでしょう。原因はいくつか考えられます。

　1 つは、「親愛なるわが友へ」という日本語の語順をそのまま英語に持ちこんでしまったという可能性です。日本語では「親愛なるわが友」でも「わが親愛なる友」でも OK のようです。ネットでは「親愛なるわが友」のほう

が34件、「わが親愛なる友」が35件でした（とは言っても、手紙やメールに「親愛なるわが友へ」なんて書く人は今どきあまりいないかもしれませんが）。なお、dear my friend だけでなく *old my* friend という歌詞も2件ありました。もしかすると、英語を習いはじめたときに my friend というフレーズを覚えてしまったせいで、my と friend をくっつけるほうがしっくりくるのかも。

もう1つは、dear が「親愛なる」という意味の形容詞であることを忘れ、前置詞（みたいなもの）だと錯覚してしまったという可能性です。つまり、**To** my friend と同じ感覚で Dear my friend と言っているのかもしれません。私のコンサルタントの Houser 先生も後者の可能性を指摘されていました。

みなさんはどう思われますか？　いずれにせよ、これを書いた人は、**所有格（＝限定詞）は普通の形容詞よりも前**、というルールを知らなかったか忘れていたかでしょうね。

最後につけ加えておきますが、じつはネイティブ・スピーカーが書いた古い詩などにも dear my friend という語順がたまにあるのです。次の例は、19世紀ビクトリア時代の詩人エリザベス・バレット・ブラウニング（1806–1861）の作品の一部です。

Dear my friend and fellow-student, I would lean my spirit o'er you;

アメリカ人のコンサルタントたちに、こういう英文をどう思うかとたずねると、"childish"「子どもっぽい」とか、"archaic"「古風」とか、「外国人の英語のようだ」などという感想でした。まあ、とくに詩の場合は、リズムや音感を優先するために大胆な語順にすることもありますから、一般の英語の文法とは切り離して考えるべきかもしれません。

つねに 1 つしか使えない限定詞

　さて、限定詞にはもう 1 つ大切なルールがあります。表 A の限定詞の VIP 席は原則として 1 個しかありません。つまり、「**1 つの名詞に対して（表 A の）限定詞は 1 つしか使えない**」ということです。日本語なら「私のある友人」とか「私のこの本」とか言えますが、英語では a my friend とか my this book とは言えません。正しくは、**a friend of mine** と **this book of mine** ですね。中学校で a friend of mine を習ったとき、どうしてこんなややこしい言い方をするのだろうと思った人がいるかもしれませんが、こういう理由があったのです。

　このルールに合っていない英語も日本のネットにたくさんあります（日本だけではありませんが）。the と所有形容詞が並んでいるものが多いです。

　　1) × *The My* Taste

　　2) × *The My* Way

　　3) × Look at *the my* blog.

　　4) × Under *the your* bed

　こういうのはブログのタイトルなんかに多いみたいです。4) は曲のタイトルらしいです。the をつけるほうがカッコイイと感じたのかもしれませんが、英語としては the は必要ありません。

　次のような a と所有形容詞がダブっている例もよくあります。

　　5) × It's *a my* world.

　　6) × He is *a my* good friend.

　　7) × He is *a* good *my* friend now.

Tomorrow Is The Another Day というタイトルの CD を見かけましたが、「表 A の限定詞は 1 個だけ」のルールに従うなら、Tomorrow Is Another Day としなければなりません。アメリカ映画の古典 Gone With The Wind『風と共に去りぬ』のエンディングで、ヒロインのスカーレットが言う名ぜりふが "After all ... tomorrow is **another day**." 「だって…あしたはまた別の日なんだから（なんとかなるわ）」でした。

another で戸惑うのは日本人だけではないようです。ある英語に関する質問サイトでは、中国の人が Is "my another friend" accepted in English language? とたずねていました（解答者の答えは、「No. **"another friend of mine"** が正しい」でした）。別のサイトでは、Do you need "an" in "I saw an another cat"? と質問している人がいました。another の an が冠詞だと知っていれば出てこない疑問ですね。

English Language & Usage というサイトでは、My another account と my other account のどちらが正しいかをめぐって、ネイティブ・スピーカーらしい人たちが議論していました。結論は「後者が正しい」でした。でも、先ほど説明したように my には the みたいな意味があるので、my other account だと the other account の意味になり、account が 2 つしかないと思われるかもしれません（→ p. 37 ～ p. 38）。たとえば、3 個以上持っている accounts のうちの 1 つの話をしたあとに別の account を話題に出すのなら、**another of** my accounts がいいでしょう。

🔍 冠詞に名詞がつく？

さて、ここまでは、限定詞の基本的な 2 つのルール「**形容詞は限定詞のあとに置かれる**」と「**1 つの名詞に対して限定詞は 1 つしか使えない**」を見てきました。でも、どうして、限定詞は他の形容詞とこんなに違うのでしょうか。

ずっとむかし、マーク・ピーターセン氏の『日本人の英語』（1988 年／岩波新書）を読んだとき、「ネイティヴ・スピーカーにとって、『名詞に a をつける』という表現は無意味である。（中略）もし『つける』で表現すれば、『a に名詞をつける』としかいいようがない」と書かれているのを見て、びっくりしたことがありました。「冠詞は名詞につけるもの」と思っていた日本人にとって、これは、大げさに言うなら「コペルニクス的転回」です。しかし、これはピーターセン先生だけのユニークな感覚というわけではないようです。この本が出たころから、「**名詞句の主要部（その句の働きを決定する語）は名詞でなく限定詞だ**」という考え方──DP (determiner phrase) 仮説──が言語学の世界でも出てきたからです。そして今では、この考え方はかなり有力になっているようです。

　それ自体が名詞句の主要部をなすということになると、単に名詞を修飾する形容詞とは性質が異なるのももっともですね。

　ところで、もし、冠詞に名詞をつけるというとらえ方が正しいなら、名詞をつけなくても冠詞だけでも使えるはずではないでしょうか？

　英語では the が名詞なしで使われることはありませんが、the と語源が同じ this や that は単独で代名詞になりますね。

　a も単独では使えませんが、one は代名詞として単独で使えます。もとをただせば、a と one は同じ祖先から来た言葉です。one の祖先 an の n が消えてできたのが a です。母音の前で使う an のほうがじつは古い形を保っているのです。かつて、「a と an は深層構造では one だ」と主張した学者もいたそうです。

　英語以外のヨーロッパの言語では、冠詞（と同じ形の語）が単独で使われる場合が多いのです。たとえば、フランス語の定冠詞 le、la や不定冠詞 un、une は単独で代名詞として使われます。ドイツ語でも、定冠詞 der、das、die や不定冠詞 ein などは代名詞になります。

　英語でも、冠詞以外の限定詞は、名詞なしで代名詞として使えるものが多いですよね。所有形容詞も my → mine（my の古い形）、your → yours

のように、ちょっと形を変えれば単独で使えます。どうしても単独で使えないのは every と no くらいでしょう。

形容詞が限定詞の前に来るときもある

「形容詞は限定詞のあとに置かれる」というルールに反して、普通の形容詞が限定詞の前に来ることはないのでしょうか？　ありますね。

8) Is it **so great a sin** to love?
「愛することはそんなに大きな罪でしょうか」

9) I'm just **as good a climber** as you are.
「おれはおまえと同じくらい山に登るのがうまい」

副詞の so、as、how、too が〈a ＋形容詞＋名詞〉につくときは、このように形容詞が a の前に出ます。

そして、「1 つの名詞に対して限定詞は 1 つしか使えない」というルールに反する（あるいは反しているように見える）場合もいくつかあります。

表 A (→ p. 53) **の限定詞が 2 つ並んで使われることは現代の標準的英語ではまずありません**が、古い英語には例があります。次の例は、リームズ・ドゥエー版の旧約聖書（17 世紀初頭）の一節です。

10) Go, consult Beelzebub, the god of Accaron, whether I shall recover of **this my** illness.
「エクロンの神バアルゼブブのもとに行き、この病気が治るかどうかたずねよ」

ただし、ジェームズ I 世の欽定訳聖書（1611 年）など他の版の聖書では、this my illness のところは this だけか my だけになっています。

限定詞が 2 つ使われるときもある

　また、「1 つの名詞に対して限定詞は 1 つしか使えない」というルールの例外もあるのです。**表 B**（→ p. 53）**の限定詞の中には、表 A の限定詞と並んで使われるものがあります。**all や both は「定冠詞類」の前に置かれることがあります。次のような例は、みなさんもいくつも見たことがあるでしょう。

> **11)　All the** planets revolve in the same direction around the sun.
> 「すべての惑星は太陽のまわりを同じ方向に回っている」
>
> **12)　Both my** parents love succulent plants.
> 「私の両親は 2 人ともが多肉植物が大好きだ」

　これらは、見たところ、たしかに 2 つの限定詞が連続しています。でも、これは **All of** the planets や **Both of** my parents の of が省略された形だと考える学者もいるようです。その説明が正しいかどうかはわかりませんが、「部分の of」（→ p. 37）が省略されていると考えると、あとに定冠詞類が来るのも理解しやすいでしょう。また、たしかに of がある形も使われています。**half (of)** my books も同じです。

　such という限定詞が a (an) の前に置かれるのはみなさんも知っているでしょう。この変わった性質は感嘆の意味を持つ what と似ています。

> **13)　Why would he do such a thing?**
> 「彼がどうしてそんなことをするんだ?」
>
> **14)　What a** pleasant surprise!
> 「なんとうれしい驚きでしょう」

次はどうでしょう。

15) He is watching **her every move** from the back
seat.
「彼はうしろの席から彼女のすべての動きを見ている」

every は前に所有形容詞を伴うことがたまにあります。とくに " ~'s
every move"「A のすべての動き」というフレーズが多いです。

こういう例外もいくつかはありますが、とりあえずみなさんは限定詞につ
いての 2 つの基本ルール「**形容詞は限定詞のあとに置かれる**」「**1 つの名詞
に対して限定詞は 1 つしか使えない**」を忘れないようにしてください。

最後に限定詞のルールをビジュアル化しておきましょう。

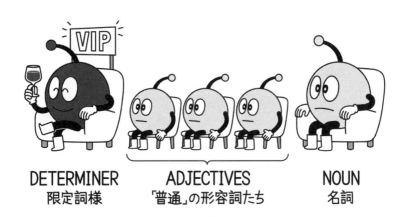

DETERMINER　　　**ADJECTIVES**　　　**NOUN**
限定詞様　　　「普通」の形容詞たち　　　名詞

注2 Collins COBUILD や Oxford Advanced Learner's Dictionary な
どの辞書では、another は determiner で、other はただの adjective
となっています。ただし、other も限定詞としている英米の辞書もありま
す。an other と分けて書かれることは普通はありませんが、間に副詞の
whole などが入って a whole other story「まったく別の話」のようにな
ることはあります。また、奇妙なことに、これが、非標準的な英語では a
whole nother story となることがたまにあります。another を a ＋
nother に分けちゃったんですね。うちのデータにも a whole nother が
15 例ありました。

注3 Maria married **some** doctor.「マリアはある医者と結婚した」のよう
な、単数の可算名詞につく some はほとんど a と同じ意味です。参考ま
でに、英語の some、any とフランス語・ドイツ語の冠詞との対応は次の
とおりです。英語の some はなくても OK ですが、フランス語の des は
ないとだめです。

「彼は（いくつかの）本を書いた」

《英語》　　　He wrote **(some)** books.

《フランス語》　Il'a écrit **des** livres.
　　　　　　　（des は「不定冠詞の複数形」と呼ばれます）

《ドイツ語》　Er schrieb **einige** Bücher.

「彼は 1 冊も本を書かなかった」

《英語》　　　He didn't write **(any)** books. / He wrote **no**
　　　　　　　books.

《フランス語》　Il n'a pas écrit **de** livres.
　　　　　　　（冠詞 des は否定文では de に変わります）

《ドイツ語》　Er schrieb **keine** Bücher.
　　　　　　　（kein は「否定冠詞」と呼ばれます）

考えてみよう！

A 次の日本語の意味を表すのにもっともふさわしい英語を選んでください。

「彼女のこの人形は彼女のおばあさんが作ったものです」

(   ) was made by her grandmother.
① Her this doll   ② This her doll
③ This doll of her   ④ This doll of hers

B NHK の番組に「アナザーストーリーズ」(NHK WORLD-JAPAN の Corporate Profile では Another Stories と表記) というシリーズがあります。このタイトルは英語として自然ですか、おかしいですか。

C 次の 3 つの文のうち、英文として正しくないものはありますか。あれば直してください。

1) I will show you my another book.
2) There's room for another few people in the bus.
3) We take a bath every another day.

D 「きのう友だちと映画に行った」を "I went to the movies with my friend yesterday." と書いたら my を a に直されました。どうしてでしょう？ 説明してください。

E these women's umbrellas というフレーズには 2 つの意味があります。なぜでしょう？ 説明してください。

F 下線部の英語の意味を日本語で表してください。

Man's brain was not developed by nature to search for truth, but to search for food, safety, and the like; to search for advantage, to help man get through the day alive. It is an organ of survival. Human action is motivated by need or desire, and the brain is the instrument of human gratification.

In primitive societies this must have been all there was to it. In more sophisticated societies the brain developed a second function: to find arguments, mostly high-sounding ones, to justify deeds or desires. <u>This our brain does so promptly that we kid ourselves into believing that we are actually motivated in our actions by these arguments.</u>

G 次の3つの文のうち正しくないものはありますか。またそれはどうしてですか。説明を考えてください。

1) I'm waiting for something exciting to happen.
2) Strange something is happening to me.
3) Here's a little something for you.

解答・解説

Ⓐ [正解] ④

指示形容詞 this と所有形容詞 her はどちらも表 A (→ p. 53) の限定詞なので、名詞の前に両方を置くことはできません。「彼女のこの人形」を表すには、面倒でも、**This doll of hers** と言う必要があります。hers は her dolls の意味。This doll of hers を直訳すると、「彼女の人形の中のこの人形」になります。

Ⓑ Mr. Spock が **An**other Stories「もう１つの物語たち」を見たら "Highly illogical." と言うでしょう。**an** apples「１個のリンゴたち？？」と同じくらい非論理的です。これについてはネット上に多くの批判があるのですが、2015 年の番組開始以来ずっとこのままです。NHK ワールド TV の Japanology Plus のプレゼンターで評論家の Peter Barakan さんも「NHK にお願いです。中学生でも呆れるはずの、文法的に恥ずかしすぎる『アナザー・ストーリーズ』を修正してください」と嘆願しているのですが…。

じつは NHK 内でも、2016 年の番組審議会で、ある委員から「『アナザーストーリーズ』と複数形でよいのだろうか。『ジ・アナザーストーリー』ではないか」という意見が出ているのです。

しかし残念ながら「ジ・アナザーストーリー」も英語としては変ですね。another は an+other なので、**the an**other story は **the an** apple と同じレベルの変な英語です。「１つの名詞に対して限定詞は１つ」のルールにも反しています。another が単なる形容詞ではなく、不定冠詞 an を含んでいるという意識があればこんな誤りは起きなかったでしょう。ぼくが 53 ページの表で **an**other を冠詞に分類した理由をわかっていただけたでしょうか（なお、NHK WORLD-JAPAN の番組名は Another Story となっています）。

Ⓒ **1) と 3) は正しくありません。** 1) は、所有形容詞 my と冠詞の一種 another が１つの名詞についていますが、「(表 A の) 限定詞が２つ並んで使われることはない」というルールに違反します。3) も、every が another と並んで使われることはありませんから、間違いです。正しくは、1) が I will show you **another book of mine**. で、3) が We take a bath **every other day**. です。every other day は、「1 日おきに、隔日で」という意味です。

2) は「バスにはもうあと数人乗る余裕がある」の意味で、正しい英語です。この another は「もうあと〜」という意味の特殊な another で、あとに複数の名詞が来ても OK です。この another は people に直接ついているのではなく、another + [few people]という構造で、few people を1つのカタマリと見て、それについているのです。

D 友だちのことをはじめて話題に出すのなら、a friend (of mine) のほうが自然です。なぜなら、**my、your などの所有格には the に近い「定」の意味が含まれている**ことが多いからです。**the がついた名詞は、それが何を指すか聞き手にわかるもの**でないといけません。なんの説明もなく the friend「その友人、例の友人」と言われたら、聞き手は「その友人て、どの友人だよ?」と戸惑ってしまうでしょう。それと同じように、いきなり *my* friend と言うのも少し不自然なのです。ただし、例外があります。I went to the movies with *my* friend *Bill*. のように、すぐ後ろに特定の名前を言うとき、つまり同格の名詞があるときは、*my* friend が正しいのです。*the* word "love" 「『愛』という言葉」のような同格の表現で、前に来る名詞 (word) に the がつくのとよく似ています。これと同じ理屈で、いま自分の横にいる友だちをだれかに紹介するときも、He is my friend. と言えます (He's a friend of mine. でも OK)。

E 一見、2つの限定詞が umbrellas という1つの名詞についているように見えますね。この英語には2つの構造が考えられます。1つは **[these women]'s + umbrellas** で、these は women にかかり、these women's 全体が umbrellas にかかります。意味は「これらの女性の (所有している) かさ」。もう1つは **these + [women's umbrellas]**で、「これらの女もののかさ」という意味。この women's は「女性のための」の意味で、限定詞 (所有形容詞) ではなく普通の形容詞なのです。その証拠に a women's umbrella と a をつけることができます。いずれの解釈でも、2つの限定詞が1つの名詞についているわけではありません。

F [全文訳と解答例] 人の脳はもともと、真理をさがすためではなく、食べ物や安全な場所などを見つけるために、つまり有利な立場を手に入れ、人がその日を生きぬくのに役立つように発達した。脳は生き残るための器官なのだ。人間の行動は欲求や欲望に動機づけられるものであり、脳は人間が満足を得るための道具である。

原始的な社会では脳の働きはずっとそれですべてであった。より高度化した社会では脳は第二の機能を発達させた。行為や欲望を正当化するための、たいていおおげさな理由を見つけることである。私たちの脳はこれを非常にすみやかに行うため、私たちは自分をだまして、自分の行動が本当にその理由によって動機づけられていると思いこんでしまうのである。

The Crazy Ape (Szent-Györgyi 著) という本の一節です。この問題をノーヒントで学生さんにやってもらったら、「この私たちの脳はすばやくそれを行うので…」というような答えがたくさんありました。表 A (→ p. 53) の限定詞が 2 つ並ぶことはまずありえないということを知っていれば、こんな答えにはならなかったでしょう。この This は does の目的語で、「話題化」するために文頭に出されたものなのです。通常の語順に書き換えれば、Our brain does this so promptly that ... となります。

G [正解] 2)

something の前に形容詞がある 2) が誤りです。Something strange が自然な英語です。something は今は 1 つの単語 (代名詞) になっていますが、もとは some (限定詞) ＋ thing (名詞) がくっついたものです。限定詞の前には形容詞を置けないのでしかたなく 1) のように something のあとに形容詞を置くのです。同じく **any**thing、**no**thing、**every**thing も限定詞が頭にあるので形容詞はあとに置きます ("**every** little thing" のような表現は可能ですが)。someone、anyone、everyone、somebody、anybody、nobody も同じです。

3) は形容詞が something の前にあるのになぜ正しいのでしょう？　この文は「ちょっとしたプレゼントを持ってきました」の意味。この a little something は a little present の意味なのです。この something は普通の名詞扱いされています (辞書でも [名詞] に分類)。little の前に限定詞 a があるのはそのためです。こういう使い方は限られています。2) を A strange something ... とするのは不自然です。Some strange thing ... は少ないですが、可能です。

Lecture
4

「させる」と「される」の
違いが見える！

— 使役的形容詞 vs. 受け身的形容詞 —

　これは知り合いのアメリカ人から聞いた話です。彼がある大学生に英語を教えているときでした。学生がやる気のない顔をしているので、"What's the matter?" と聞いてみたら、学生はぽつりと言ったそうです、"I am **boring**." と。

　どこがおかしいでしょう？　そう、これでは「私は人をうんざりさせます＝ぼくってツマラナイ人間です」という意味になってしまいます。自分がうんざりしているのなら、"I am **bored**." と言うべきだったんですね。その大学生は boring ＝「退屈だ」という和訳を覚えていただけなので、こんな間違いが起きたのです。

　またあるとき YouTube を見ていたら、ある日本の富豪が、アメリカで民間会社の月旅行を予約したことを発表する会見を開いたとき、スピーチのはじめのほうで "I'm really exciting." と言っていました（スピーチの中身はすばらしかったのですが…）。「ぼくはワクワクしています」と言いたかったのでしょうが、これでは「ぼくは（みんなを）ワクワクさせるよ」と言っていることになります。彼は "I'm really excited." というべきだったのです。

　これらは日本人の定番ミスでしょう。「そんな初歩的な間違い、絶対しねえよ」と思ったあなた、本当に大丈夫かな？　じつは、このような意味の区別は、英語のかなり広い範囲に及んでいるんですよ。ここでは、こういう問題を掘り下げて考えてみましょう。

　感情を表す日本語の動詞は、「驚く」「怒る」「喜ぶ」のように自動詞が多いですね。**日本語では、感情というのは人の内側からわいてくるものというイメージ**なのかもしれません。

　一方、英語では、感情を表す動詞は surprise「〜を驚かす」、excite「〜をわくわくさせる」、bore「〜をうんざりさせる」などのように、使役的な意味を持つ他動詞がほとんどです。**英語では、感情は外の原因が引き起こす**

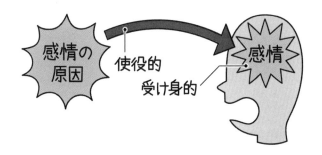

ものというとらえ方をするわけですね。なので、英語では「驚く」と言いたいときは「驚かされる」と**受け身**で表現するのです。

　英語では形容詞にも、**使役 (〜させる)** と**受け身 (〜される)** という意味的区別があることが多いのです。とくに感情を表す形容詞には、必ずこの区別があるんです。「**使役的形容詞**」は、「感情を人に起こさせる＝感情を与える」という意味を持っています (「能動的形容詞」と呼んでもいいでしょう)。一方「**受け身的形容詞**」は、「人が感情を与えられている＝感情を持っている」という意味です。普通、日本語にはこういう区別がないので、注意が必要です。

感情の形容詞 ｛ **使役的形容詞**「人に感情を**与える**ような性質だ」
　　　　　　　　 受け身的形容詞「人が感情を**与えられている**」

　さっきの話に出てきた bor**ing** は、「人をうんざりさせる」、bor**ed** は「人がうんざりさせられる」の意味です。bor**ing**、excit**ing**、interest**ing**、surpris**ing** のように **-ing 形の形容詞は使役的形容詞**で、bor**ed**、excit**ed**、interest**ed**、surpris**ed** のように **-ed なら受け身的形容詞**です。この２つは形でわかるから簡単ですね。文法の問題でもよく、-ing 型形容詞と -ed 型形容詞の違いが問われるので、知っている人も多いと思います。動詞 bore から生み出される形容詞をまとめておきましょう。

bore
「〈人〉をうんざりさせる」

- 〈もの〉is **boring**（to〈人〉）
  「〈もの〉が（〈人〉を）うんざりさせる」
- 〈人〉is **bored**（with〈もの〉）
  「〈人〉が（〈もの〉に）うんざりさせられている」

 ## 「こわい」って、だれが「こわい」？

　ところが困ったことに、形を見ただけでは、使役的か受け身的かわからない形容詞もあるのです。たとえば scary。この形容詞をただ「こわい」と覚えている人がかなりいるようです。でも、そういう覚え方をしていると、ホラー映画を見ながら「キャーこわい!」というつもりで I'm scary! と言ってしまうかもしれませんよ。それじゃ、あなた自身がモンスターみたいです。

SCARY→　　←SCARED

　scary は「（〈人〉を）**こわがらせる**」という意味なのです。自分がおびえている（＝こわがらされている）なら I'm **scared**.（私はこわがらされている）です。日本語の場合、「彼女はこわかった」と言っても、「彼女は人をこわがらせた」のか、「彼女はおびえていた」のか、文脈を見ないとまったくわかりません。でも、英語ではこの 2 つをはっきり別の語で表すのです。お化けはscary、「キャーこわい!」は scared と覚えましょう。scared のほうは原則どおり -ed 型の受け身的形容詞なので、scary と scared をペアで覚えておけば忘れることはないでしょう。**注1**

72

感情以外を表す形容詞にも、同様の区別に注意すべきものがあります。「人をある状態にさせる」と「人がある状態にされている＝ある状態にある」という区別です。

　名古屋城にこんな看板があったそうです。この英語は通じるでしょうか？

Because you are dangerous, you must not enter.

あぶないから入ってはいけません
Because you are
dangerous,
you must not enter.

　dangerous をただ「危険な」と覚えるのは危険です。これは「人を危険な状態にさせる＝人に対して危険な」という**使役的意味**の形容詞なのです。だからこの英語は「あなたは危険人物なので、入ってはいけません」という意味になってしまいます。読む人をいきなりアブナイ人と決めつけるのは失礼ですね。

　では「危険にさらされている」という受け身的状態はどう言えばいいでしょう？　これは単語ではなくin dangerという表現で表します（endangeredという語もありますが、これは絶滅しかけの生物などによく使います）。He is in danger. で「彼の身が危ない」の意味になります。ではこの看板の英語はどう直せばいいですか？　考えてみてください（答えは80ページ）。

DANGEROUS   IN DANGER

🔍 「痛い」を間違えるとイタイ

painful という形容詞の使い方も、わかっていない人が多いようです。「痛い」と覚えるだけでは知っているとは言えませんよ。

「切り傷が痛い」は The cut is painful. でいいのですが、「彼が痛がっている」を He is painful. と言うと「イタイ英語」になってしまいます。なぜでしょう？　じつは、painful の本当の意味は「人に痛みを与える、苦しませる」という**使役的**意味なのです。つまり英語では「傷が痛む」を「傷が（人に）痛みを与える」と表現するのです。

たとえば、He is **painful** to watch. は It is painful to watch him. と同じ意味で、「彼を見ることは（私に）痛みを与える」＝「彼を見ていると痛々しい」という意味なのです（→ p. 215）。もし「彼が痛みを感じている」と言いたいのなら、He is **in pain**. または He **has a pain**. が正しいです。

このような区別は、形容詞だけでなく動詞にもあります。hurt と ache の違いはわかりますか？　どちらも「痛む」と訳せますが、それだけでは大きな違いを見過ごしてしまいます。

hurt という動詞は I hurt all over. 「私は全身に（鋭い）痛みを感じる」という使い方もできますが、「（人に）痛みを与える」という使役的意味で使われることも多いです。「右足が痛い」は My right leg hurts. ですが、他

動詞として My right leg hurts me. と言うこともできるのです。直訳すると「右足が私に痛みを与える」という意味です。「その注射は痛い」は The injection hurts. です。注射は痛みを与えるものです。

　一方、ache という動詞は「（鈍い）痛みを感じている」という意味で、自動詞しかありません。My back aches.「背中が痛い」とも、I ache all over.「私は全身が痛い」とも言えますが、「（〜に）痛みを与える」という使役的（他動詞的）な使い方は普通しません。また、Where does it ache? ともあまり言わないようです。

🔍 challenging と challenged

　challenge という言葉はどうも誤解されやすいようです。challenging と challenged という形容詞もわかりにくいと思う人が多いのではないでしょうか。

　日本語では「チャレンジ」は「人が何かに挑戦する」ことですね。

　でも英語の challenge は「挑戦」とか「チャレンジ」と訳せることはめったにありません。名詞の challenge は「人に解決を迫るもの」、つまり「む・ずかしい問題・試練」という意味がもっとも多いのです。なぜこんな意味になるのでしょう？　動詞の challenge を使った文を見てください。

　The problem challenged him.

文字どおりの意味は「その問題が彼に挑戦した」です。つまり問題が「解けるなら解いてみろ!」と挑んでくるので、彼は「むずかしいな、でも解いてやる!」とがんばったというイメージなのです。日本語のイメージと正反対ですね。

では、a challenging job とはどんな仕事でしょう。「人が何かにチャレンジするような仕事」というのとはちょっと違います。形容詞のchallenging は「人に試練を与えるような」という意味なのです。つまり a challenging job とは「大変だけどやりがいもある仕事」ということです。

形容詞の challenged はどうでしょう。a financially-challenged company はどんな会社かわかりますか。「財政的なチャレンジをした会社」ではありません。challenged は「試練を与えられている」という**受け身的意味**の形容詞です。だから、「財政的危機にある会社」が正解。

「〜にチャレンジする」という日本語を英語で表したいときは、challenge を使うのはやめて try を使うといいでしょう。たとえば、「スキューバダイビングにチャレンジした」は I **tried** scuba diving. です。

🔍 人に有利か、人が有利か

もう1つ。むかし、ある予備校(今はもうありません)で入試の英作文の解答作成作業をしていたら、「彼女は留学経験があるので有利だ」という問

題の答えとして She is **advantageous** because she has studied abroad. と書いた先生がいて驚きました。これでは意味をなしません。なぜでしょう？　辞書には「有利な」という訳が載っていますが…。

advantageous という形容詞は「人を有利な立場にさせる＝**人にとって有利な**」という使役的形容詞なのです。Her experience of studying abroad was **advantageous** to her.「留学の経験が彼女を有利にした」なら OK です。人を主語にして「留学したので彼女は有利だ」と言いたいなら、She **has an advantage** ［あるいは She is **at an advantage**］because she has studied abroad. のように表せばいいでしょう。

 ## 使役的と受け身的の両方に使うもの

curious という形容詞は、辞書を見ると「奇妙な」と「好奇心を持つ、知りたがる」の 2 つの意味が載っています。なぜ、こんなに違う意味があるのでしょう？

1) His idea is **curious**. 「彼の考えは奇妙だ」

2) He is **curious** about my idea.
「彼は私の考えに好奇心を持っている」

タネを明かすと、これも「使役」と「受け身」の違いなのです。1) の curious は「（人に）好奇心を起こさせる（＝めずらしい、奇妙な）」という**使役的**形容詞、2) は「（人が）好奇心を刺激されている＝持っている」という**受け身的**形容詞だと考えればわかるでしょう。intrigue「〜の好奇心をそそる」という動詞から派生した形容詞 intriguing は 1) の curious に、intrigued は 2) の curious に近い意味です。

curious のように、日本語の形容詞と同じく英語にも、同じ形で使役的形容詞と受け身的形容詞の両方に使うものもあります。

「安全な」は、「ものが人に対して安全」というときも「人が安全な状態に置かれている＝無事だ」というときも、**同じ safe でいいのです**（ただし、**後者の意味は普通は補語のときだけです**）。

cold も「人を寒がらせる」の意味にも、「人が寒がらされている＝寒がっている」の意味にも使えます。He is cold. は、文脈しだいで「彼は（体温・性格が）冷たい」の意味にも「彼は寒がっている」の意味にもなります。

sad には、「〈物語などが〉悲しい＝人を悲しませる」という使役的意味と、「〈人が〉悲しい気持ちだ＝悲しまされている」という受け身的意味の両方があります。The news is **sad** (to me). は前者、I am **sad** about the news. は後者です。

He is comfortable. にも 2 つの意味がありえます。「彼はくつろいでいる、快適にしている」という意味が普通ですが、「彼は人をくつろがせるような人だ」という使役的意味もありえます。たとえば、He is comfortable to be with. は「彼は一緒にいるとくつろがせてくれる＝一緒にいると楽だ」という意味です (→ p. 213)。

注意すべき使役・受け身的形容詞を次ページの表にまとめてみました。活用してください。

使役的形容詞 （人をある状態にさせる）	受け身的形容詞（句） （人がある状態にされている）
人を楽しませる ⟺	人が楽しい気持ちだ
pleasant, pleasing, fun, enjoyable, delightful, joyful	pleased, delighted, glad, happy, joyful 注2
人をこわがらせる ⟺	人がこわがっている
scary 注1, fearful, frightening, dreadful, creepy, spooky	afraid, scared, fearful, frightened
人を悲しませる ⟺	人が悲しんでいる
sad, sorrowful	sad, sorrowful
人を感心させる ⟺	人が感心している
impressive	impressed
人を不快にさせる ⟺	人が不快に感じている
offensive	offended
人を満足させる ⟺	人が満足している
satisfactory, satisfying	satisfied, content, contented
人を残念がらせる ⟺	人が残念に思っている
regrettable	regretful
人に対し危ない ⟺	人が危険に陥っている
dangerous, risky	in danger, endangered
人を疲れ［退屈］させる ⟺	人が疲れて［退屈して］いる
tiring, tiresome, wearing	tired, weary
人を苦しめる、痛がらせる ⟺	人が痛がっている
painful	in pain (have a pain)
人をうらやましがらせる ⟺	人がうらやましがっている
enviable	envious, jealous

注 1 英和辞典で scary を引くと、「おくびょうな」「おびえる」など、受け身的形容詞の意味が先に載っていることがあります。たしかに native の人でも scary をそういう意味で使うことが、ごくまれにはあるようです。ただ、データベースでさがしても、この意味で使われているものはほとんど見つかりません。Collins COBUILD 英英辞典や Longman Advanced American Dictionary には frightening の意味しか出ていません。creepy についても「人がこわがっている」の意味で使う人がたまにいるようです。しかし、COBUILD 英英辞典の編集主幹である John Sinclair が、The ghost story made us all creepy. を「怪談を聞くとみんなこわがる」という意味で使うのは間違いだ、と批判したことがあるそうです。私たち日本人は、これらの形容詞は「人をこわがらせる」という使役的意味だ、と覚えておけばいいと思います。なお fearful が scary に似た意味になるのは普通名詞を限定するときです。

注 2 happy や glad には受け身的形容詞の用法しかありません。I am happy about the news. とは言えても、The news is happy to me. とは言えないことに注意してください。ただし、**happy、glad が名詞につくときは使役的意味もありえます**（例 today's happy news「今日のうれしいニュース」）。また、June marriages are happy.「6月の結婚はめでたい（ことわざ）」のような例もまれにあるようです。もっとも、奇妙なことにこのことわざ、ネットで調べてもほとんど日本のサイトにしか見つかりませんが…。

73 ページの答え
「危険だから入るな」の立て札では DANGER! DO NOT ENTER. などが普通の表現です。ネットで検索して画像を見てみてください。

考えてみよう！

A 自由英作文で「うれしかった経験」を書いてもらったら、作文の終わりに次のような英語を書いた人がいっぱいいました。どこがおかしいでしょうか。

Our team finally won. It was very glad.

B 自由英作文の課題として、「あなたがこれまでに出会ったなかでもっとも強い印象を受けた先生について書きなさい」という問題を出したら、次のような答えがたくさんありました。おかしいところはどこでしょう。どう直せばいいでしょうか。

The most impressed teacher I've ever met is Mr. Tanaka.

C ある有名な和英辞典で「苦々しい」を調べたら次のように書かれていました。どこかおかしいところはありませんか。

にがにがしい【苦々しい】・苦々しく思う feel unpleasant; be disgusted (with [at] ...)

D 次の英語は日本人が書いたものです。どこがおかしいでしょうか。

I stayed at a hostel but it wasn't comfortable, and I felt dangerous.

E 次の英語はどんな意味でしょう。辞書を引かないで考えてください。

a visually-challenged person
a vertically-challenged person
a horizontally-challenged person

F 次の英語は、テレビドラマ Columbo『刑事コロンボ』の Candidate for Crime『野望の果て』に出てきた会話とその字幕です。おかしいところはありませんか？ あれば、どう直せばよいか考えてください。

A: **Sometimes you frighten me.**
「あなたってこわい人」

B: **What are you talking about?**
「何を言ってるんだ」

A: **That act you put on.**
「さっきのお芝居」

B: Act?
　　「芝居?」

A: Mm-hmm, when you heard about Harry's being dead.
　　「そう、ハリーの死を聞いたときのよ」

B: I was shocked!
　　「ショックを受けたんだよ!」

A: That's what frightens me. You were so convincing!
　　I know how you despised him!
　　「それがこわいのよ。あなたは自信たっぷりで…。
　　ハリーをあんなに軽べつしていたのに」

Ｇ 次の文は、アメリカで有名な「マーフィーの法則」(Murphy's Law) にある
ジョークです。何がおもしろいのか説明してください。

Newton's little-known seventh law: A bird in the hand is
safer than one overhead.

Ｈ 次の2つの表現の意味を日本語で表してください。

1) the Russian defeat by Japan in 1905
2) the Japanese defeat of Russia in 1905

Ｉ 次の文の意味を日本語で表してください。

Moths are widely known for their attraction to artificial
night-time lights.

解答・解説

A glad は普通は補語として使い、「〈人〉がうれしい＝喜ばされている」という意味になります。つまり**受け身的形容詞**です。だから It was very glad. ではなく、I was very glad. が正しいのです。ただし、名詞修飾のときは、まれに a glad day「楽しい（＝人を楽しませる）一日」のように使役的意味を持つこともあります。

B 「もっとも強い印象を受けた先生」という日本語を直訳したのでこんな英語になったのだと思われます。興味深いことに、ネットで検索すると、日本人ばかりでなく台湾やマレーシア、韓国、中国などの人もこれとまったく同じ間違いをしているのです。the most impressed teacher は the teacher **who was most impressed**と同じ意味ですから、これでは先生が印象を受けたことになってしまいます。

「もっとも強い印象を受けた先生」という日本語はあいまいですが、この問題文では明らかに「私が印象を受けた＝私に印象を与えた [感動させた] 先生」のことを意味していますから、使役的な形容詞 impressive を使って the most **impressive** teacher (I've ever met) などと書くのが正解です。

英文を書くときは、いったん日本語の表現を離れ、「**だれがだれに何をするのか**」というような意味そのものを意識してから書くようにしましょう。

C 「苦々しい」に feel unpleasant は変です。pleasant の意味は「楽しい」では不十分で、正確には「楽しませる、いい気分にさせる」という使役的形容詞です（ちなみに -ant は -ing に相当するフランス語の現在分詞の語尾なのです）。その反意語 unpleasant も「不快にさせる」で、使役的です。だから I feel unpleasant. は「私は苦々しく思う」ではなく「自分が人を不快にすると感じる」みたいに聞こえます。ネットにもこの誤りがたくさんあります。次の例は有名な辞書サイトのものです。

× make someone feel unpleasant

（人）にいやな [不愉快な] 思いをさせる

「不快に感じる」は feel + uncomfortable、uneasy、upset、offended などで表せます。

D この文の筆者が言いたいのは、「ホステルに泊まったが、快適ではなく、危険を感じた」ということでしょう。でも、I felt dangerous と言うと、I felt myself to be dangerous つまり I felt that I was dangerous という意味になり、「私は自分がアブナイ（＝人を傷つけそうだ）と感じた」という、オオカミ男に変身しかけている人みたいなとんでもない意味になってしまいます（→ p. 73）。I felt unsafe. とか I felt I was in danger. あるいは I felt **it was** dangerous なら OK です。ネットには同じような誤りがたくさん見られます。

× I **felt dangerous** walking out.（中国）
× I **felt dangerous** because I was caught in quicksand.（日本）

次の文は正しいです。この feel は「感じられる」という意味です。

I don't ride here as **it feels very dangerous** with too many trucks, fast moving cars and buses.

E [正解] **a visually-challenged person**
　　「視覚的に試練を与えられた人」→ 視力に障害がある人
　　a vertically-challenged person
　　「垂直方向に試練を与えられた人」→ 背が低いのが悩みの人
　　a horizontally-challenged person
　　「水平方向に試練を与えられた人」→ 太りすぎが悩みの人

もっと一般的な表現としては、physically-challenged「身体が不自由な」、mentally-challenged「精神的に障害がある」などがあります。

F A の最後のせりふにある You were so **convincing**! を「あなたは自信たっぷりで…」と訳すのは変です。convince は「人を納得させる、説得する」の意味で、形容詞 convincing も「人を納得させるような」という**使役的な意味**です。だから、You were so convincing! は「あなた（の演技）は人を信じさせる力があったわよ!」という意味で、意訳するなら「迫真の演技だったわね!」などがいいでしょう。

この字幕をつけた人は convincing を convinced と混同しているようです。convinced の意味は「（直訳）人が確信させられている、（意訳）**確信している、自信がある**」です。

次のような違いに注意してください。

You don't sound too **convincing**.

「あまり説得力がないな」

You don't sound too **convinced**.

「あまり自信がなさそうな口ぶりだね」

G　「ニュートンのあまり知られていない第七の法則」なんて言っていますが、もちろんジョークです。この safe の意味は「（鳥自体の身が）守られている」という意味なのか、「〈人に対して〉安全（↔ dangerous）」という意味なのかをはっきりさせないと文の意味もよくわかりません。ここではあとの意味です。「手の中の（＝つかまえられている）鳥のほうが頭上を飛んでいる鳥より（人にとって）安全だ」です。なぜなら、手の中の鳥はフンを落とす危険がないからです。

　じつはこれ、A bird in the hand is worth two in the bush. 「手中にある1羽の鳥はやぶの中の（＝まだつかまっていない）鳥2羽分の値打ちがある」ということわざのパロディーなんです。

H　**[解答例]　1)「1905 年の日本に対するロシアの敗北」**

　　　　　　2)「1905 年のロシアに対する日本の勝利」

　同じ defeat という単語が「敗北」と「勝利」？　まるで逆の意味になるなんておかしいですね。ほとんどのみなさんは defeat という単語を学んだとき、動詞では「〜に勝つ、〜を打ち負かす」で、名詞としては「敗北」と覚えたと思いますが、そのとき「『勝つ』の名詞の意味が『敗北』って変だな」と思いませんでしたか？しかも、今度はその名詞に「敗北」と「勝利」の両方の意味があるって、いったいどういうことなんでしょう？

　他動詞が名詞になるとき、その名詞にも、能動［使役］的意味（〜する［させる］こと）になるときと、受け身的意味（〜されること）になるときとがあるのです。そして、どちらの意味になりやすいかは名詞によって違います。

　destruction は、文脈から切り離された単語としての意味は「破壊」で、どちらかと言えば「破壊すること」ですが、「する／される」に関しては中立です。次のように2つの場合があります（ただし b はまれのようですが）。それぞれ（　　）の文を「名詞句化」したものだと考えられます。

a) the enemy's **destruction** of the city

　　　↑　　　　　　↑　　　　　　↑

　　(The enemy destroyed the city.)

　　「敵がその都市を破壊すること」

b) the city's **destruction** by the enemy
↑　　　　↑　　　　　　↑
(The city was destroyed by the enemy.)
「その都市が敵により破壊されること」

一方、love という語は、love of literature「文学を愛すること」のように「愛すること」の意味が普通で、「愛されること」の意味になることはあまりないようです。people's **love** of nature「人々が自然を愛すること」はありますが、nature's **love** by people「自然が人々に愛されること」なんていうのは見たことがありません。

そして、この問題の defeat はたしかにちょっと変わっていて、名詞になると受け身の意味「打ち負かされること＝敗北」が普通なのです。動詞では「勝つ」なのに、名詞になると「敗北」という一見おかしな変化は、名詞がもとの動詞の受け身の意味になっていると考えれば理解できます。ただし、defeat も b) の問題のように、文脈によっては「打ち負かすこと＝勝利」の意味にもなりうるのです。

1) と 2) はそれぞれ次のような文を名詞句化した表現だと考えることができます。

1') The Russian was defeated by Japan in 1905.
2') The Japanese defeated Russia in 1905.

❶ ［解答例］「蛾が人工的な夜の明かりに誘われて集まることはよく知られている」

この文を次のように訳した人がいます。

「蛾は夜になると人工的な光にきらめく魅力的な姿を見せてくれることはよく知られている」

たしかに、attraction には「（人を）引きつけるもの」の意味が発展した「魅力」という能動的意味もあります。One of her **attractions** was a low, soft voice.「彼女の魅力のひとつは低くてやさしい声だ」がその例です。でも、上の問題の attraction は違います。their attraction to artificial night-time lights は They are attracted to artificial night-time lights. という文が名詞化されたもので、この attraction は「引きつけること」ではなく「引きつけられること」という受け身的意味で使われています。

動詞と「時間」の
関係が見える！

— 「着て行く」は wear? put on? —

「ぼくはよく地下鉄に乗ります」を英語でどう言えばいいか考えてみてください。

「ええっと、車に乗るのは get in で、大きな乗り物に乗るのは get on だから、"I often get on the subway." じゃないの？」と思った人はいますか？　残念ながら、それではちょっと変なのです。なぜでしょう？　今回は日常会話でよく使う動詞の、意味と時間のかかわりを考えてみたいと思います。

日本語の「〜に乗る」に対応する英語の動詞は、次のように３つもあります。

「地下鉄に乗る」 $\left\{\begin{array}{l}\textbf{get on} \text{ the subway} \\ \textbf{take} \text{ the subway} \\ \textbf{ride} \text{ the subway}\end{array}\right.$

日本語の訳だけで考えてもよくわかりません。ビジュアル化してみましょう。

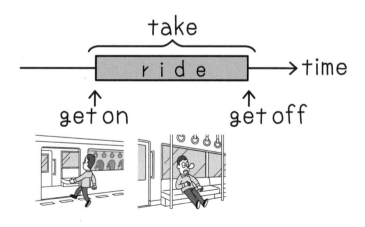

前ページの図でおわかりのように、get on という動詞は、乗り物に「ヨイショッ」と「**乗りこむ**」瞬間の動作しか表さないのです。I **got on** the train at Ueno at 2:30.「私は2時半に上野で電車に乗りこみました」のように使うなら OK です。この例のように、地点や時点を表す前置詞 at と一緒に使うことからも、get on の瞬間性がわかりますね。

　これに対し take は、「〈乗り物〉を利用する」に近い意味ですから、**切符を買い、乗りこんで目的地まで乗っていくという行為全体**をカバーします。だから、I often **take** the subway. なら OK です。take なら、次のような区間や期間の表現を伴う文にも使えます。

> I **took** the subway **from** Ueno **to** Roppongi.
> 「上野から六本木まで地下鉄に乗った」
>
> I **took** the subway **for about thirty minutes**.
> 「地下鉄に約30分乗った」

　なお、ride という動詞は、「乗りこむ」ではなく、そのあとの「**乗っている、乗っていく**」という継続的動作に重点があります。したがって、I rode the subway at Ueno. のように、起点だけを表すのには普通使いません。I **often ride** the subway. や I **rode** the subway **from** Ueno **to** Roppongi. などは OK です。「彼は今、地下鉄に乗っている」なら、He **is riding** the subway now. と進行形にします。

 「着る・身につける」の時間的側面

　さて今度は、やはり日常的な「〜を着る・身につける」にあたる英語を考えましょう。

　「知ってるよ、『〜を着る』が put on で、『〜を着ている』が wear でしょ?

カンタンじゃない」ですって？　でも、日本語の訳で英単語の意味を正確に
とらえるのは、なかなかむずかしいんです。

　たとえば、この問題を考えてください。「日本の男性は正式の場では黒い
スーツを着る」は次のどちらが正しいでしょう。

1) Japanese men **wear** black suits on formal
　　 occasions.

2) Japanese men **put on** black suits on formal
　　 occasions.

わかりにくい人は次の図を見て考えてください。

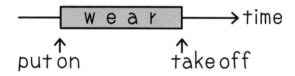

　ご覧のように、put on は服などを**身につける短時間の動作**を指し、wear
は**そのあとの身につけた状態**を指すのです。「正式の場では黒いスーツを着
る」というのは、披露宴の会場などで黒いスーツをすでに身につけた状態に
あることを意味します。したがって、正解は 1) です。2) のように言うと、何
かの会場の真ん中でスーツに着替えるみたいな意味になって、まぬけです。

　上の問題が簡単だったという人は、もう1つ。

　「彼は毎日学校にジーンズをはいて行く」を表すには、どちらがいいでしょ
う？

3) He **wears** jeans **to** school every day.

4) He **puts on** jeans **to** school every day.

　これは少し考えこむ人がいるかもしれません。「ジーンズをまずはいて、それから学校に行く」と考えると、4) が正しいように思えます。でも、考えてみると、この日本文の意味は、むしろ「ジーンズを身につけた状態で学校へ行く」ということではないでしょうか？　当然学校へ行ってからもずっとジーンズをはいた状態ですね。したがって、これも 3) のほうがはるかに自然な英語なのです。

　今まで見てきたのは習慣を表す文ばかりでしたが、「一時的に〜を身につけている」はどうでしょう。

　「彼女はきのう白い帽子をかぶっていた」は、She **wore** a white hat yesterday. でも、She **was wearing** a white hat yesterday. でもいいんです。うちのデータベースでは、過去形 + yesterday が 30 例、過去進行形 + yesterday は 13 例でした。でも、進行形のほうが一時性がより強い感じです。たとえば、相手が今着ているものをほめるなら、That's a nice dress **you're wearing**! が自然でしょう。データベースにあった18 例の "That's a + 形容詞 + 着用物 + you" に続く wear はすべて進行形でした。

　もう１つ、同じような使い分けが必要な場合を見てみましょう。「マリアは音楽クラブに入っている」はどれが正しいでしょう。

> **5)** Maria **joins** the music club.
>
> **6)** Maria **is joining** the music club.
>
> **7)** Maria **belongs to** the music club.
>
> **8)** Maria **is belonging to** the music club.

　join はクラブに入る時点だけを指す動詞です。join したあとの、クラブの**メンバーである状態**なら **belong to** で表します。**注1**　この動詞は ride とか wear とは違って**進行形にはなりません**（→ p. 106）。だから、8) はだめで、正解は 7)。

　「入っている」だから 6) でもいいんじゃないか、と考えた人はいませんか？　じつは、is joining だと「これから入ろうとしている」という近い未来の意味になってしまうので、だめなのです（→ p. 102 ～ p. 105）。

　ビジュアル化してみましょう。

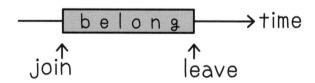

　他にも次のような表現の使い分けに注意しましょう。左が瞬間（短時間）の**変化**を表す表現、右がそのあとの**状態（継続）**を表す表現です。

get married「結婚する」	→	be married「結婚している」
get used to A「Aに慣れる」	→	be used to A「Aに慣れている」
catch (a) cold「カゼをひく」	→	have (a) cold「カゼをひいている」
go to sleep「眠りにつく」	→	sleep「眠る」、 be sleeping [asleep]「眠っている」
die「死ぬ」	→	be dead「死んでいる」

🔍 「〜である」と「〜になる」

　最後に、ちょっとむずかしい問題について触れておきます。むかし授業などで、「私は教師になりたい」の訳がI want to **be** a teacher. だと教わったとき、違和感をおぼえたことはありませんか？　「『〜になる』はbecomeだって習ったのに、どうしてI want to *become* a teacher. じゃないの？」と思いませんでしたか？

　辞書や参考書にはI want to be [become] a teacher. という例文が出ているので、become を使ってもテストで×にされたことはないでしょう。でも、それぞれどれくらい使われているのでしょうか？　ぼくの手元にある英語データベース（映画・ドラマ・ニュース・雑誌・その他）で調べてみました。

want to **be** a + 名詞	6,282（約91.6%）
want to **become** a + 名詞	579（約8.4%）

　ごく単純な比較ですが、予想以上の差がありました（もちろん、文脈によって、もっと細かく考える必要があります。簡単な検索だけで結論を出すのは危険です）。なお want to be happy は 88 例あったのに want to become happy は 0 でした。

　will ＋ be [become] についても同じような問題があります。たとえば、3時に駅で待ち合わせをする相手に、なんと言って約束すればいいでしょう？　日本人なら、「じゃあ、3時に駅に行きます」と言う人が多いかもしれませんが、英語では、I'll go [come] to the station at three. よりも、I'll **be** at the station at three. と言うほうがいいみたいです。

　I'll go to the station at three. では、駅に向かって出かけるのが3時なのか、それとも駅に着くのが3時なのかが、ちょっとあいまいな感じで、相手は不安を感じるかもしれません。その点、I'll **be** at the station at three. なら、直訳すると「3時には駅にいます」ということですから、相手も安心できます。

　the ＋ A [比較級] ..., the ＋ B [比較級] ... は、「A になるほど B になる」という意味の構文ですが、ここにも「〜である」と「〜になる」の問題がかかわってきます。「年をとるほど新しい言語を学ぶのは困難になる」の「年をとるほど」をあなたならどう表しますか？　同じく、データリサーチの結果です。

The older + 人 **get**	120
The older + 人 **are**	33
The older + 人 **grow**	6
The older + 人 **become**	4

　old が補語のときは、どうも「〜になる」には become ではなく get が好まれるようですが、be も多いですね。なぜ「〜になる」なのに are（be 動詞）が使われるのでしょうか？

　これらのケースに共通するのは、**表現そのものに変化の意味が含まれている**ということではないでしょうか。

want to V「V を欲する」という表現は、普通は「今は V ではない」という意味を含んでいますね。とすれば、V でない状態から V である状態に変化する時点がかならず存在することになります。

　つまり、たとえば be を使って「将来医者でありたい」と言えば、「医者になる」という変化も表せるわけです。また、考えてみると、「医者になりたい」というのは、医者に「変化」すること（医師免許をとること）だけを望んでいるという意味ではありませんね。そのあともずっと医師で**ありつづけること（状態）**を望んでいるわけです。I want to be a doctor と言えばそれもカバーできますね。

　同じように、the ＋ A［比較級］..., the ＋ B［比較級］... も、比較級やこの構文全体が変化の意味を持っているので、be を使っても「～になる」に近い意味を十分に表せるのでしょう。

注1 ただし、belong to は固い言い方です。Maria is in the music club. / Maria is a member of the music club. などとも言えます。ついでに言うと、とくにスポーツ系のクラブに関しては、belong はあまり使われないようです。"belong to the baseball club" をネットで検索してみてください。驚いたことに、この表現を使っているのは世界中でほぼ日本人だけなのです。いわば、「英語の日本方言」ですね。ネイティブの人は、I'm on the baseball team. など、他の言い方をすることが多いようです。コンサルタントの先生は、belong to the baseball club と言ってもとくに問題ないと言っていましたが、別のアメリカ人男性は「すごく変だ」と言ったあと、「まったく日本人は組織優先だから…」みたいなことをつぶやいていました。

Give it a try! 考えてみよう！

A この章の説明にならって、learn the fact、know the fact、forget the fact の意味をビジュアル化してください。

B 次の2つの文の（　　　）にあてはまる語句として、頻度が高いと思われるほうを選んでください。

1) I was surprised to (　　) the truth.
2) I was happy to (　　) the truth.
① know　　② learn

C （　　　）にあてはまる語句を選んでください。

I'll (　　) in front of the station at 6:30.
① drive you　　② pick you up
③ give you a ride　　④ lift you

解答・解説

A know は「〜を知る」ではありません。「〜を知っている」という状態を表す動詞です (→ p. 108)。何かをはじめて知るという「状態の変化」は learn で表します。forget はその反対の変化です。これらをビジュアル化するとこんな感じになるでしょう。

ただし、「人を知る、人と知り合う」と言うときには learn を使いません。代わりに、come to know ＋〈人〉とか、get to know ＋〈人〉を使います。

B [正解] 1) ② 2) ①

I was surprised to learn the truth.
「私は真実を知って驚いた」

驚きの感情はあまり長くは続きません。何かを知った瞬間にもっとも強く起きる感情なので、知る瞬間をよりダイナミックに表せる to learn と相性がいいようです。 Google Books Ngram Viewer を見てください。

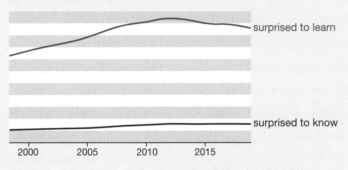

出典：Google Books Ngram Viewer
https://books.google.com/ngrams/

他にも shocked、stunned、heartbroken、devastated など「衝撃系」、disappointed などは + to learn が + to know より多いです。なおこの傾向は、これらの形容詞が何かを知った瞬間を表す前置詞 at を高頻度で伴うこととも相関がありそうです。

一方、喜び・幸福感は驚きよりも長く持続しうる感情です。それは何かを知った瞬間だけでなく、**知っている状態**に長く伴うことがあります。だから happy、glad、satisfied、proud などは to know を伴うことが多いのでしょう。これらの形容詞は at を伴う頻度が比較的低いです。

She was happy **to know** you were well.
「あなたが元気だと知って（いたので）彼女はうれしかった［満足だった］」

おなじ喜びを意味する形容詞でも overjoyed「大喜びで」、ecstatic「狂喜して」、thrilled や delighted など、意味が強いものは + to learn が多い傾向があります。強烈な喜びはあまり持続しないからでしょう。またこれらは瞬間の前置詞 at を伴う頻度も比較的高いです。

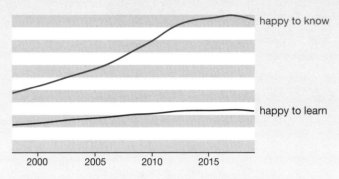

happy to know

happy to learn

2000　2005　2010　2015

出典：Google Books Ngram Viewer
https://books.google.com/ngrams/

C [正解] ②

drive ＋〈人〉は、「〈人〉を車でどこかに連れていく」という意味です。give ＋
〈人〉＋ a ride も、「〈人〉を車に乗せて連れていく」という行為全体を指します。
これに対して pick ＋〈人〉＋ up は、「〈人〉を車で迎えにいって乗せる」という意
味。乗せる瞬間、乗りこむ地点に重点があります。したがって、②が自然でしょう。

最後に、もう一度確認テストをしておきましょう。

1) When I saw Meg at the station, she (　　) red pants.
　① was putting on　　② was wearing　　③ put on

2) She couldn't make up her mind what to (　　) for the date.
　① put on　　② wear

3) While I was (　　) the train to Tokyo, I fell asleep.
　① riding　　② getting on

4) She has (　　) the book club for two years.
　① been joining　　② been belonging to
　③ joined　　④ belonged to

1) ［正解］ ②

「メグを駅で見かけたとき、彼女は赤いズボンをはいていた」（→ p. 89 〜 p. 91）

wore も可能ですが、見かけた瞬間の状態を強調するなら進行形がよりふさわしいでしょう。

2) ［正解］ ②

「彼女はデートに何を着ていけばいいか決められなかった」（→ p. 89 〜 p. 91）

3) ［正解］ ①

「東京行きの電車に乗っていたとき、私は居眠りをした」（→ p. 88 〜 p. 89）

4) ［正解］ ④

「彼女は 2 年前から読書クラブに入っている」（→ p. 92）

進行形のしくみが
見える!

― love か be loving か? ―

「彼を3年前から知っている」という意味のつもりで、I have been knowing him for three years. と書いたら、先生やネイティブに「違うよ！ **I have known** him for three years. だ」と直された、というような経験はありませんか？ 「走っている」は be running でいいのに、「知っている」はどうして be knowing じゃだめなんでしょう？

今回は、動詞の意味と進行形の関係について考えてみましょう。ちょっと長いレクチャーになりそうですが、よろしく。

進行形から見た動詞の分類

進行形の基本的な働きは、**一時的に活動や変化が進行している**という意味を表すことです。いわば事態を**「動画モード」でとらえる**形なのです。まだその活動が終わっていないということを表すので、「未完了形」と呼んでもいいでしょう。でも、動詞のタイプによって進行形の意味はかなり違ってくるのです。

英語の動詞を、進行形との関係で大ざっぱに仲間分けしてみましょう。

A 動作動詞（進行形がある）
- **1) 継続動詞：** 進行形は「〜しているところだ」の意味
- **2) 瞬間動詞：** 進行形は「〜を繰り返している」の意味
- **3) 到達動詞：** 進行形は「〜しようとしている」の意味

B 状態動詞（原則として進行形がない）

まず、**A** の動作動詞（dynamic verb）の典型的なものを見てみましょう。

1) 継続動詞	walk, swim, fly, look, study, write, sleep, cry, talk, flow, move, travel, drive, increase, decrease, hear, grow など
2) 瞬間動詞	jump, kick, knock, hit, wink, shoot など
3) 到達動詞	stop, end, arrive, reach, land, leave, win, lose, die, go, come, grow up など

1) の**継続動詞**とは、ずーっと続いて起きる活動や行為や変化を表す動詞です。期間を表す for ～「～の間」をつけられます。ビジュアル化してみましょう。

この仲間の動詞の進行形は、ある時点において**活動・変化が起こっている最中**であることを意味します。活動のはじめでも終わりでもなく、**途中だということ**を表すのです。たとえば、Dylan **is running**. や Kelly **is crying**. などです。中学で最初に学んだのは、たぶんこの進行形でしょう。「～をしている」と訳せますから、べつに問題ありませんね。次の図の四角の部分のようなイメージです。

Lecture

6

進行形のしくみが見える！

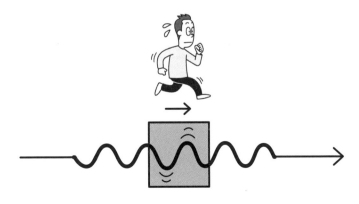

次に 2) の**瞬間動詞**。これは、一瞬で始まり一瞬で終わる「点」のイメージを持つ出来事や行為を指します。

　このタイプの動詞の進行形は、**出来事の繰り返し**を意味します。1 回の出来事だけでは短すぎて「活動や変化が進行している」とは言えないからです。たとえば、Donna **is jumping**. は普通、「ドナが何度も跳びはねている」という意味になります。次のスキーマ（言葉の意味やしくみを可視化したもの）を見てください。

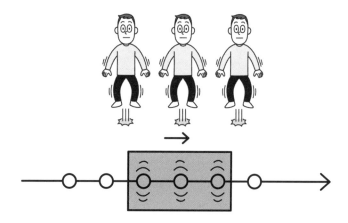

　3) の**到達動詞**とは、ある活動や変化（プロセス）が継続したあと、瞬間的な**変化の時点に到達する**ことを意味する動詞です。いわば、継続動詞（線）と瞬間動詞（点）が組み合わされたような動詞です。変化の時点にちゃんと到達しないと、この動詞が表す出来事は実現したことになりません。到達の時点を at ～で表せるものが多いです。次のようなイメージです。

このタイプの動詞の進行形は、**変化の時点に近づきつつある**ことを意味するので注意が必要です。「進行形＝〜シテイル」だと思っていると痛い目に遭うのがこの動詞です。He **is arriving**. は「彼は到着している」ではなく、「もうすぐ到着する」です。Jason **is dying**. は「ジェイソンは死んでいる」ではなくて「ジェイソンは死にかけている」なのです。死が進行しているというより、死の瞬間に向かって進んでいるのです。なお、「ジェイソンは死んでいる」は Jason **is dead**. ですね。

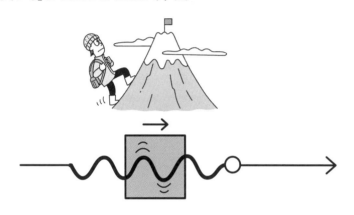

🔍 「静かな」動詞——状態動詞

　さて、次に B の状態動詞を考えましょう。

　状態動詞は変化や活動のない事柄を表します。たとえば、主語の**性質**とか、主語と他のものとの**関係**を表す動詞です。動作動詞に比べると、状態動詞は始まりや終わりがあまりはっきりと意識されないことが多いです。状態動詞 (stative verb) という名前が一般に使われているので、ここでもそう呼ぶことにします（本当のところ、「**静止動詞**」と呼びたい気もします。そのほうが「動作動詞」との対比がはっきりするので）。状態動詞は次ページのイメージです。

状態動詞は進行形になりません。なぜでしょう？

すでに述べましたが、進行形は動詞を**一時的活動状態**というモードでとらえるための装置です（「活動している状態」というのは、ちょっと考えると哲学的に矛盾しているような気もしますが、それが進行形の本質です）。静止した状態を表す動詞を、活動状態モードでとらえても意味がないでしょう。波ひとつない湖の水面を、わざわざビデオカメラで写すようなものです。これが状態動詞に進行形がないわけなのです。

状態動詞の分類

状態動詞はたくさんありますが、日本人がよく間違えるものは限られています。でも、丸暗記するのでは芸がありません。理解して頭に入れましょう。

まず、**存在・所有・関係など「もののあり方」を表す動詞グループ**です。おもなものを見てみましょう。

be, exist「ある、存在する」	have「〜を持っている」
own「〜を所有している」	possess「〜を所有している」
include「〜を含んでいる」	contain「〜を含んでいる」
consist of「〜から構成されている」	belong to「〜に所属している」
depend on「〜に依存している」	

このグループの中で、「状態動詞の両横綱」と言えるのが、存在・状態・性質を表す be と、所有を表す have「〜を持っている」です。なぜなら、**ほとんどの状態動詞は be か have を使って言い換えることができる**からです。

つまり、be や have の意味を含んでいるのです。

exist は be に意味が近いですね。own、possess は have に近い意味を持っています。include、contain、consist of も have に似た意味です。belong は、*A* belong to *B* = *B* **have** *A* と考えることができます。depend on は **be** dependent on とほぼ同じです。

考えてみると、進行形の be + Ving にも be が使われていますね。つまり、「**活動している状態**」という進行形の（一見矛盾しているような）意味のうち、「**状態**」の部分の意味を表しているのも、この be なのです。「活動」の部分は Ving が分担しています。

次に、「**性質・様態（ようす）」を表す動詞**たちも状態動詞です。

---

equal「～に等しい」　　　　resemble「～に似ている」

differ「～と違う」　　　　　look「～に見える」

seem「～に思える」　　　　sound「～に聞こえる」

taste「～な味がする」　　　smell「～なにおいがする」

feel「～な感じ［感触］がする」

これらも be を使って言い換えができる動詞の仲間と言えるでしょう。equal to は **be** equal to とほぼ同じだし、resemble は **be** similar to みたいな意味です。文型を見ても、seem、feel、look、sound、taste は be と同じで SVC タイプです。次のように、be と置き換えても文が成り立ちますね。

1) Marty **looks** tired. → Marty **is** tired.

2) That **sounds** interesting. → That **is** interesting.

見かけは上の表の動詞と同じでも、次のように動作動詞として使われる場合は進行形になります。

Lecture

6

進行形のしくみが見える！

3) Wendy **is looking** at the cloud.「ウェンディは雲を見ている」

4) Pluto **is smelling** the ground.「プルートが地面のにおいをかいでいる」

もう1つの状態動詞のグループは、**「感情」**や**「認識」**を表す動詞です。

love「〜を愛している」   hate「〜を憎んでいる」

like「〜が好きだ」   want「〜が欲しい」

wish「〜を望んでいる」   feel「〜と感じている」

understand「〜を理解している」   know「〜を知っている」

remember「〜を覚えている」   forget「〜を思い出せない」

see「〜が見える」   hear「〜が聞こえる」

　これらの動詞も、be や have を使ってほぼ同じ意味を表せるものが多いです。たとえば、want を英英辞典で引くと、**have** a desire for「〜に対する欲求を持っている」などという説明がついています。また、know は、**have** information about「〜についての情報を持っている」と言い換えられますから、have 系の動詞と考えられます。know は、「〜を知る」ではなくて、「〜を知っている」なのです。「知る」は、learn や come to know などで表されます（→ p. 96）。

 動詞だけでは進行形の意味が決まらない場合もある

　さて、これまでは動詞の意味と進行形の関係を考えてきました。でも、動詞それ自体だけでは、進行形の意味を決めるのがむずかしい場合もあります。たとえば、次の文を見てください。

5) Steve **is writing *English***.

6) Steve **is writing a *letter***.

さっきは write を継続動詞として扱いました。継続動詞の進行形は「〜し**ているところだ**」という意味でしたね。5) ではたしかにその意味です。でも、6) はどうでしょう。**a** letter が目的語になると、「1 通の手紙を書きかけている（まだ書き終わってはいない）」という到達動詞的な意味が出てきます。はっきりとした限界がない English と違い、1 通の手紙は有限であり、それが完成する時点が存在するからです。5) の場合、しばらくして書くのをやめても一応 Steve wrote English.「スティーブは英語を書いた」と言えますが、6) では手紙が完成する前にやめると Steve wrote a letter.「スティーブは 1 通の手紙を書いた」とは言いにくいですね。これは He is reaching the goal.「彼はゴールに達しようとしている」の状況で走るのをやめたら He reached the goal. とは言えないのと似ています。

　下の文はどうでしょう。

> 7)　**I'm meeting** Kelly *right now*.
> 8)　**I'm meeting** Kelly *tomorrow*.

　meet が人と会って話したりしている時間を指すと意識すると、継続動詞になります。7) がその進行形で、「会っているところだ」という意味ですね。
　次の図のようなイメージです。

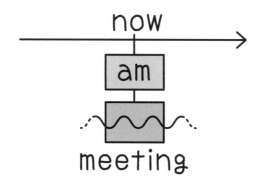

一方、人に会うという行為全体を1つの点、つまり、到達動詞の**変化の時点**のようにとらえることもできます。すると進行形は、その時点に近づきつつあることを表し、8) のように「会おうとしている (まだ会っていない)」という意味になります。次のスキーマのように考えてはどうでしょうか。

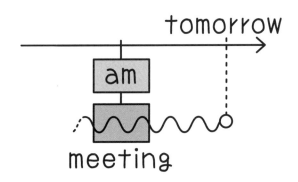

　8) は普通「近い未来」とか「予定」を表す進行形と言われます。I'm meeting Kelly tomorrow. は、Kelly に会う時点に向けて、すでにスケジュールを調整したり、計画を立てたりしはじめているという意味なのです。「ある時点に接近しつつある」という意味で、He is dying. 「死にかけている (まだ死んでいない)」のような到達動詞の進行形にちょっと似ています (でも、この「予定」の用法は原則として、**人がする行為**にしか使えません。たとえば、「あしたは雨になる」の意味で It is raining tomorrow. とは言いません。雨は計画や準備をしてから降ってきたりしませんからね)。

　こうして見ると、どうやら進行形を考えるには動詞だけの意味でなく、主語や目的語もあわせて文 (=事態) 全体の意味を考える必要がありそうですね。

動詞の見かけだけでは、進行形になるかどうか、はっきりしないことがあります。次の例文を見てください。

9) Meg **thinks (that)** Bob loves her.
「メグはボブが自分を愛していると思っている」

10) Bob **is thinking about** their future.
「ボブはふたりの将来のことを考えている」

　同じ think でも、使い方によって進行形になったりならなかったりするのです。まとめておきましょう。

---

think + that 節、think + O + C → 状態動詞：進行形にならない

---

think + about / of + 名詞 → 動作動詞：進行形になる

　なぜでしょう？　9) のような that 節をとる場合の think は、「（～という）意見を持っている」という意味です。つまり、**have** an opinion that ... に近い意味です。所有の have に近い意味を含んでいるから状態動詞なのです。think + 目的語 (O) + 補語 (C) の意味も同じです。意見というのはある程度の期間は変わらないのが普通です。その意味において静的・状態的なのです。

　10) のような think は「**頭・想像力を働かす**」という意味です。「Meg と結婚すべきだろうか、やめとこうか、いっそ別れようか…」などと脳のニューロンがめまぐるしく活動しているのです。だから、動作動詞なのです。

Meg thinks
Bob loves her.

Bob is thinking
about their future.

次はどうでしょう。

---

11) **The *church* stands** on a hill overlooking the sea.
「その教会は海を見おろす丘に立っている」

12) ***Steve* is standing** on a hill overlooking the sea.
「スティーヴは海を見おろす丘に立っている」

---

stand も、文脈によって進行形になったりならなかったりします。11) では、簡単には動かせないものが主語になっています。この場合、stand はほとんど be と同じく、存在を表す状態動詞です。実際、The church is on a hill ... としてもほとんど意味が変わりませんね。一方、12) では「人間＝動くもの」が主語です。こんなふうに、「動ける・動かせるもの」が主語のとき stand は動作動詞とみなされ、**一時性を表したいときは進行形**が使われます。sit、lie などにも同じような 2 つの使い方があります。

108 ページで感情や認識を表す動詞のひとつとして see をあげましたが、見かけは同じでも動作動詞 see「～に会う」があり、これは進行形になります。また、feel は「気分が～だ」の意味の自動詞のときは進行形があるのです。

13) How **are** you **feeling** now? 「今の気分はどう?」

14) I'm **feeling** a lot better. 「ずっとましだよ」

このように、具合の悪い人に気分をたずねるときなどにはよく使われます。うちのデータには、How do you feel? が 741 例あったのに対し、How are you feeling? も 459 例ありました。

have にも進行形がある

先ほど、have は状態動詞の横綱だと言いましたが、じつは、その have にも進行形が可能な場合があるのです。have が所有以外の意味を表すときです。

15) Don't stop me now, because I'm **having a good time**.

「今やめさせないでくれ、楽しんでるんだから」

have a good time「楽しいときを過ごす」の have は「～を経験する」という動作動詞なので進行形になります。「『～を経験する』の have は進行形がないが、have a good time は進行形がある」などと、まるでこれだけ例外みたいに書いてある辞書がありましたが、そんなことはありません。have fun「楽しむ」、have trouble「困る」など、他にもいろいろあります。have a nightmare [dream]「悪夢 [夢] を見る」**注1** も進行形になることがあります。うちのデータで be having (19,000 例) がどんな目的語をとっているか調べてみました。参考にしてください。

注1 「夢 (＝願い) がある」の意味では状態的意味なので進行形なし。

1 **time**		2,042
2 **trouble**		1,411
3 **problem**		1,175
4 **fun**		744
5 **affair**		525
6 **sex**		385
7 **conversation**		360
8 **dinner**		347

🔍 What do you do? と聞かれたら

　ぼくが大学に入りたてのころ、あるイギリス人の先生が、1回めの講義でいきなり最前列の男子学生に "What do you do?" とたずねました。その学生は不意打ちにあせりながら、"I...am studying English with you." と答えました。先生は「やっぱりな」というような表情でニヤッと笑いました。

　この答えではいけなかったのでしょうか？　疑問文をよく見てください。進行形ではなく、現在形ですね。これは「今の瞬間に何をしているか」ではなく、「習慣的に何をしているか」という意味の問いなのです。つまり、**職業や身分**をたずねているのです。ですから、答えは "I work for a bank." とか "I teach English." とかがふさわしいのです。べつに一般動詞を使わなくてもいいんです。"I'm a college student." でもけっこう。でも、進行形を使って今の瞬間にやっていることを答えるのは不自然です。

　日本語では、習慣や身分を言うときでも、「私は銀行に勤めています」のように「〜ている」形を使うので、英語を書いたり話したりするときにも、つい

進行形を使ってしまいがちです。しかし、**習慣や身分、趣味などは、一時的な活動状態ではなく、かなり長い期間にわたって変わらないもの**です。つまりそれは**主語の性質**だと言ってもよいでしょう。

　英語でこういう意味を表すには、単なる現在形を使います。　**動作動詞も習慣的意味で使うといわば状態動詞化してしまう**のです。だから、**習慣的意味のときは、どんな動詞も原則として進行形にはなりません**。進行形にすると、「一時的にそうしているのだ」という意味をことさら強調することになってしまいます。I'm working for a bank. と言うと、一時的に（派遣などで）働いているだけ、というような印象を与えるかもしれません。

　うちのデータでは、I work for ＋［会社・団体・人など］が 781 例（約87％）あるのに対し、進行形 I'm working for ＋［会社・団体・人など］は119 例（約 13％）でした。なお live「住んでいる」は辞書で状態・動作動詞の両方ありとされていますが、普通はある場所に定住していることは現在形で表します。データベースで I live in ～ と I'm living in ～ の比率を調べたところ、1,000 例中で現在形 I live in ～ は 945 個、現在進行形 I'm living in ～ は 55 個にすぎませんでした。

🔍 状態動詞も進行形になる？

　辞書に「進行形不可」と載っていて、絶対に状態動詞だろうと思われるような動詞でも、ときには進行形で使われることがあります。たとえば be の進行形です。

16) The house **is being** built.
「その家は建てられつつある」

17) I **was** just **being** nice.
「私はただ親切にしていただけだ」

18) I'm relatively new to programming and **I'm loving** it more and more every day.

「プログラミングをやりはじめたのは比較的最近だけど、毎日どんどん好きになっている」

16) は「受け身の進行形」ですね。be 自体は基本的に状態動詞ですが、be built のような受け身形はそうとは限りません。もとの動詞 (build) が動作動詞だと受け身形全体も活動的意味になることがあります。だから進行形になっても不思議はありません。

では、17) はどうでしょうか。be nice が進行形になるなんてちょっと不思議ですね。じつは、be nice には 2 つの意味があります。1 つは、人の、比較的変わりにくい性格を表す**状態的**な意味です。たとえば、He is nice. と言えば「彼は親切な人だ」という意味です。これには進行形はありえません。もう 1 つは、「（人に）親切にする、やさしくふるまう」という**動作的・行為的**な意味です。たとえば、Dylan **was being** very nice to me last night. と言うと「ディランはゆうべ私にとてもやさしくしてくれた」という意味です。この意味のときなら進行形が可能なのです。たとえば、困っている女性にやさしく声をかけたらナンパと誤解されてにらまれた、なんていうときに、I was just being nice.「親切で言っただけだよ」と言えるわけです。同じように、You're being rude. と言うと「きみは無礼なふるまいをしているぞ」という意味になります。

18) の例文を今パソコンで I'm loving it. とタイプしたとたん、文法的誤りを示す波線がその下に現れました。love も状態動詞だから「進行形は間違いですよ」というわけですね。でも、こういう文をたまに見かけます。こんなふうに「だんだん〜の状態になりつつある」という、**変化が進行している**という意味では、ごくまれに love や like や resemble を進行形にすることがあります。手元の映画・ドラマのデータベースでは、love の進行形は 39 例ありました。注2

ある大学の入試で、次のような会話文が出たこともあります。

19) Can't you ask her how Jill and Alice **are liking** their new teacher?
「彼女にジルとアリスが新しい先生を気に入ってきたかどうか聞いてくれない?」(太字：刀祢)

今回のお話はだいぶ長かったですが、**動作と状態**というとらえ方が大切だということは、わかっていただけましたか？

注2 ところで、マクドナルドの CM で使われているフレーズ i'm lovin' it はどんな意味なのでしょう？ 116 ページの 18) のように「ますます好きになっている」という**変化**の意味でしょうか？

アメリカ人にたずねると、I'm enjoying it right now. つまり「**今まさに**マックを食べながら味を楽しんでいる」の意味だろうと言う人も、それに加え「マックを食べるたびおいしいと思う」という**反復的**意味にもとれると言う人も、これら 3 つの意味のどれにもとれてあいまいだと言う人もいました。

ネットのたくさんの質問サイトで、What does "i'm lovin' it" mean? という質問がされていて、ネイティブのさまざまな答えが並んでいますが、I'm enjoying it (right now). の意味だと書いている人が多いです。文脈がないコピーなのでネイティブ・スピーカーでも意見が分かれるようですね。とにかく、マックは状態動詞の進行形という「おきて破り」の形で目を引こうとしたのでしょう。まあ、これだけ話題にされれば、マックの思うツボでしょうね。

ただし、love の進行形は、マックの発明でも最近出現したものでもないのです。たとえば、ぼくの好きな古いジャズの曲 *Time After Time* (1947 年) にも、I'm so lucky to **be loving** you. という歌詞が出てきます。

またあるとき、*Sink the Bismarck!*『ビスマルク号を撃沈せよ！』という古い映画 (1960 年製作) を見ていたら、こんなせりふがあったので書き

とめました。

A: Oh, Wilson, how **are** the civilian workers **enjoying** themselves?
「ああ、ウィルソン、民間労働者たちは楽しくやってるかね」

B: They**'re loving** every moment of it, sir.

これを見ると enjoy の進行形を使った A の問いかけに対し、B は love の進行形を使って答えていますから、この loving は enjoying に近い意味だと思われます。

Ally McBeal『アリー my Love』というドラマにも、次のせりふがありました。

It's quiet 'cause everybody**'s loving** the damn food!

これも、「みんなが（おしゃべりしないで）料理を楽しんでるから、部屋が静かなのよ！」という意味でしょう。

考えてみよう！

A ( ) にあてはまるものを選んでください（1つとはかぎりません）。

1) John is having a ( ).
① problem ② good car ③ good time

（関西学院大）

2) She ( ) a good girl today.
① is ② is being ③ was

（関西学院大）

3) Standing as it ( ) on a hill, the church commands a fine view.
① is ② were ③ so stand ④ does

（近畿大）

B 「あそこにバスが止まっている」を英語で表してください。。

C Innocent children are dying in Ukraine every day. はどんな意味ですか。

解答・解説

A **1)** ［正解］① ③

have が「～を経験する」の意味で使われるときは、進行形にできるものが多いです。have a problem「困る」も have a good time「楽しく過ごす」も、この意味で進行形になります（→ p. 114 ［データリサーチ 1］参照）。

2) ［正解］① ② ③

全部 OK です！ それぞれ、①「今日はいい子だ」、②「今日はいい子にしている」、③「今日はいい子だった」の意味になります。She is being a good girl. については、115 ページの例文 17) 参照。

3) ［正解］④

「このように丘の上に立っているので、その教会は景色がよく見える」という意味になります。これはちょっとむずかしいです。この Standing は分詞構文で、その意味上の主語は the church です。教会は簡単には動かせないものなので、stand は進行形になりません（→ p. 112）。もし①の is を使うと Standing as it **is** on a hill となり、これは Standing as it (= the church) **is standing** on a hill が略されたものということになりますから、間違った英語になってしまいます。④の does なら、Standing as it **does** (= stands) on a hill となりますから OK です。この as it does は「それが今立っているように」、つまりは「こんなふうに」というような意味です。

B The bus is stopping over there. ではだめです。「バスがあそこに止まりかけている」という意味になってしまいますから。stop を使うなら、正解は The bus is **stopped [parked]** over there. でしょう。The bus is over there. でも十分でしょう。

C ［解答例］ 罪のない子どもたちが毎日ウクライナで (次々) 死んでいく [死んでいる]。

105 ページでは、die は「到達動詞」として解説しました。到達動詞の進行形は、Jason is dying.「ジェイソンは死にかけている」のように、「変化の時点への接近」を表すと説明しました。しかし、この文ではちょっと事情が違います。主語が複数の人間で、しかも every day という副詞句がついています。ひとりの人間は

1度しか死にませんが、たくさんの人間がいれば、死という出来事も何度も反復されます。every day という反復的出来事と相性がいい語句もあるので、この文の die は 104 ページの瞬間動詞に属するように解釈され、**進行形は反復の意味を表す**ことになるんです。このように、動詞自体の分類を固定したものと考えず、文脈から柔軟に意味を解釈することが大切です。

前ページの例は、「死」という、普通は時間的に幅がある (いわば一次元の) 事象が瞬間、つまりゼロ次元の点にたたみこまれる例ですが、逆に、普通なら点 (ゼロ次元) としてとらえられる事象が一次元に展開されることもありえます。jump は、104 ページで書いたように、普通は瞬間動詞で、He is jumping. は動作の反復を表しますが、もしこの文が、スキーのジャンプで宙に浮いている選手を指して使われたなら、「今ジャンプしてる最中」という意味になるでしょう。このときの jump は、瞬間動詞ではなく、継続動詞とみなされているのです。

　補足として、動詞が活動的か状態的かという区別は、進行形のあるなし以外にも影響するという例をいくつかお話ししておきたいと思います。

　まず、**状態動詞は完了形になると「ずっと〜していた」のような継続の意味**を表します。一方、継続動詞・瞬間動詞は、原則として、進行形にしないと継続の意味を表せません。これは中学で習いましたね。

1) I've known him for ten years.
「彼を10年前から知っている」

2) We've been talking for an hour.
「私たちは1時間しゃべっている」

　状態動詞と進行形が、完了形になるとどちらも継続の意味になるということは、この2つに共通の特性があるということですね。つまり「状態性」です。

　次に、come to Vという表現を見てみたいと思います。「〜するようになる」という表現を英語に訳すとき、やたらとcome to Vという形を使おうとする人がいます。でも、このcome to Vという表現は、どんな動詞にでも使えるわけではないので注意しましょう。

　次のデータを見てください（これは映画やドラマの脚本を中心とする会話文のデータベースで調べたものです）。すべて状態動詞ですね。**come to Vはこのように状態の変化を表す表現**なのです。「英語を話すようになる」「泳げるようになる」など動作動詞の場合は、come to を使わず、learn [begin, start] to speak English や learn to swim などとするのがいいでしょう。次のグラフは3,000例の、come to V「Vするようになる」を分析したものです。

【データリサーチ 2】come to V「V するようになる」の V のランキング

1 be		703 (23.4%)
2 think		326 (10.9%)
3 know		289 (9.6%)
4 realize		197 (6.6%)
5 believe		175 (5.8%)
6 understand		174 (5.8%)
7 expect		63 (2.1%)
8 have		63 (2.1%)
9 mean		59 (2.0%)
10 feel		48 (1.6%)

このランキングでは、Kelly came to see Brenda.「ケリーはブレンダに会いにきた」のような「V しにくる」という意味のものはカウントしていません。また、be はほとんどが、後ろに過去分詞を伴う受け身形の be です。come to be ＋形容詞 [名詞] という使い方は少ないです。

seem to V「V するように思われる」というパターンでも、ほとんどの V は状態動詞です。次の表は、40,000 例の seem to を分析したものです。

【データリサーチ 3】seem to V にあらわれる V のランキング

1 be		16,077 (40.2%)
2 have		5,377 (13.4%)
3 think		687 (1.7%)
4 know		650 (1.6%)
5 get		559 (1.4%)
6 make		357 (0.9%)

上の表の be の数には受け身形や進行形（例：He seems to be speaking English.「彼は英語を話しているように思われる」）も含まれま

す。have には完了形も含まれます（動作動詞である get が上位に入ってい
ますが、そのほとんどは can't seem to get ... です。じつは、can't
seem to V「V できないようだ」という形では動作動詞も使えるのです）。
make は make sense などの状態動詞用法が多いです。

　次の例文を見てください。

> 3) ×　Brenda **seems to come** to the party tomorrow.
> 4) ○　Brenda **seems to be coming** to the party
> 　　　tomorrow.
> 5) ○　It **seems that** Brenda **will come** to the party
> 　　　tomorrow.

　3) のように動作動詞を seem to のあとに置くことはあまりありません。
もし「ブレンダはあすパーティに来るようだ」と言いたければ、4) のように
進行形 be coming を使うといいでしょう。進行形は be があるので状態
動詞的だとみなせるわけです。これは 109 ページの 8) I'm meeting
Kelly **tomorrow**. と同じ、未来を表す用法だと考えられるでしょう。

　他にもこのような表現があります。たとえば be believed [thought,
said] to V などの構文にも状態動詞 be、have などが使われます。**注3**

注3　動作動詞でも習慣的な意味のときはこれらの構文に使われることがまれ
　　にあります。たとえば、Brenda seems to work at a bank.「ブレンダ
　　は銀行で働いているようだ」などです (→ p. 114)。

■ as if 節の動詞

　as if ＋ S V「まるで S V であるかのように」という表現はご存じですね。
V が仮定法過去形・過去完了形になるということは、学校で習う文法の原
則です。ただし、じつは現代英語では、この V に現在形・現在完了形を使う
こともとても多いのです（たとえば、know の場合、うちのデータでは約

56% が現在形でした）。

　ところが、もしかするとそれよりも大切かもしれない事柄が、文法書にも辞書にも載っていないのです。それは何でしょう？

　「彼はまるで散歩にでも行くかのように海外に出かける」という日本語をAI翻訳ツール（DeepL）に英訳させると次のような文が出てきました。

He goes abroad as if he **were going** for a walk.

　日本文は「散歩にでも**行く**かのように」となっているのに英訳では as if he **were going** for a walkと進行形になっています。どうしてでしょう？

　次のランキングは、13,000 個の as if 節の動詞をリサーチしたものです。状態動詞が多数を占めています。横綱のbeとhaveが圧倒的に多いですね。

【データリサーチ 4】as if 節の中の動詞ランキング

1 be		4,286 (33.0%)
2 have		2,967 (22.8%)
3 know		247 (1.9%)
4 want		133 (1.0%)
5 need		107 (0.8%)
6 feel		59 (0.5%)
7 mean		56 (0.4%)
8 see		44 (0.3%)
9 expect		39 (0.3%)
10 own		36 (0.3%)

be の数には受け身形や進行形も含まれます。have には完了形も含まれます。

　as if のあとに動作動詞がくるときは、完了形や進行形になるか、あるいは could、would などの助動詞を伴うことが多いようです。完了形は状態

動詞 have を、進行形は be をそれぞれ含むので、どちらも状態的です (→ p. 106)。「彼はまるで散歩にでも行くかのように海外に出かける」が He goes abroad as if he **were going** for a walk. と訳されたのは動作動詞 go を状態的な意味にするためだったのです。また助動詞も状態的な意味を持つと考えられます。たとえば、can V「V できる」は be able to V で書きかえられますね。つまりは、as if のあとには「状態的な表現」がくるということです。as if ＋ S V が状態動詞と相性がいいのは、まさにこれらが「その時点においてどんな状態か」という認識を述べる表現だからでしょう。

■ would と used to

「過去の習慣」を表す表現には would V と used to V がありますが、英語を書くときにはこの 2 つの違いに注意しましょう。**would のあとには動作動詞しか来ません。**一方 used to のあとには、次のように、状態動詞も動作動詞も使われます（色をつけた語は状態動詞。used to 24,000 例の中の数字です）。

【データリサーチ 5】used to のあとにくる動詞ランキング

1 be		6,520 (27.2%)
2 have		1,099 (4.6%)
3 say		946 (3.9%)
4 work		724 (3.0%)
5 do		723 (3.0%)
6 go		634 (2.6%)
7 think		572 (2.4%)
8 live		468 (2.0%)
9 call		456 (1.9%)
10 play		447 (1.9%)

完了形のしくみが
見える！①

― 視点の時間・出来事の時間 ―

🔍 完了形はややこしい?

　はじめて現在完了形を習ったとき、「完了」「経験」「継続」などいろいろ意味があると聞いて、「ややこしいなあ」と思いませんでしたか?　完了形の分類あたりから英文法がいやになった人がいるかもしれません。文法を学ぶとき、理解の手段であるはずの分類に目を奪われてしまい、全体像を見失ってしまうことがよくあります。

　でも、完了形の基本的な働きは、本当はとてもシンプルなのです。

🔍 2つの時間 ——「視点の時」と「出来事の時」

　たいていの文法書では、完了形を、現在形や過去形などと同じように、動詞の形のひとつとして扱っています。これが完了形をわかりにくくする原因なのかもしれません。

　完了「形」は、ご存じのように、「**have ＋過去分詞**」という2つのパーツからできています。せっかく2つの部分からできているのだから、すなおに意味も2つに分けて考えてみたらどうでしょうか?　完了形は「ある時を視点として、それ以前の出来事を語る」表現なのです。**視点と出来事**という「2つの時間」に関係するから、パーツも2つあるのです。この考え方をDTP(Dual Time Point) 理論と名づけます。ビジュアル化してみましょう。

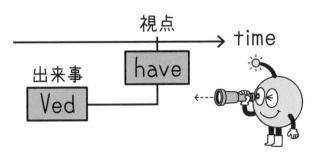

have は視点となる時を表します。have の基本的意味はもちろん、「～を持っている」ですね。一方、過去分詞（これ以降、Ved で表します）は「すでに起きた出来事」を表します。この 2 つを組み合わせると「**ある時点において、すでに V が起きた状態を持っている [状態がある]**」という意味が生まれます。have が現在形なら視点は現在にあり、現在完了形となります。

　たとえば、次の文のしくみはどうでしょう。

> **1)　I have *just* finished my homework.**
> 「私は宿題を済ませたばかりだ」
>
> （ちょっとこの例文をネットで検索してみてください。出てくるのはなぜか日本のサイトばかりですね。日本の学生はそんなに宿題が多いのでしょうか？）

　学校で「完了」の意味だと教わるものですね。この文を直訳すると「私はすでに**宿題を済ませた状態を、（今）持っている**」となります。次の図のようなイメージです。

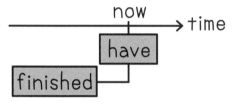

　次の例はどうでしょう。

> **2)　*Now* I have lived in London *for three years*.**
> 「今まででロンドンに 3 年住んだ」

　「継続」と教わるやつですね。この文には時間を表す語句が 2 つあります。それぞれどの語にかかりますか？　Now「今」は have にかかり、for three years「3 年間」は lived にかかると考えるのが自然でしょう。have の本来の意味「～を持っている」を思い出してこの文を直訳すると、「私はロ

ンドンに 3 年間住んだという状態を、今持っている」と訳せます。これをビジュアル化するとこうなります。

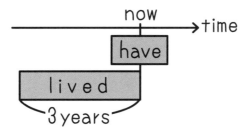

でも、現在完了ではべつに now をつけなくても、視点は現在と決まっています。なぜなら have 自体が現在形だからです。このように、完了形では **have の時制の形が視点となる時間を表す**のです。

次は「経験」と言われるものです。

3) I **have been** to Hawaii *twice*.
「ハワイに 2 度行ったことがある」

これはこんな感じです。

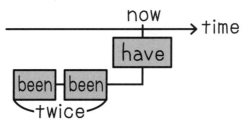

ビジュアル化するとわかるように、先ほどの 1) ～ 3) の例文では、過去分詞 Ved の部分がそれぞれちょっと違っているだけなのです。完了形自体にいろんな「意味」があるというよりはむしろ、**過去分詞になる動詞の意味や just、for three years、twice などの副詞句によって完了・継続・経験というようないろんな「解釈」が出てくる**だけなのです。

ところで、「現在完了が現在を視点にして、それより前を指すのなら、結局、過去形と同じことじゃないの?」と思いませんでしたか。ある意味ではそのとおりです。たとえば、最近公開された映画を相手がもう見たかどうかたずねるなら、次のどちらを使っても、そんなに違いはないでしょう。

4) Have you seen the movie?

5) Did you see the movie?

うちのデータベースには、Have you seen the movie が 32 例、Did you see the movie が 38 例ありました。

でも、違いが出てくることもあります。過去形が現在と切り離されたものとして過去の世界を描くのに対し、現在完了形は、**過去の出来事が現在にまで影響を与えている**というニュアンスを含みます。たとえば、

6) I have just finished my homework.
「宿題を終えた (➡だから今はもう好きなことができる)」

7) I have been to Hawaii twice.
「ハワイに 2 度行ったことがある (➡だから今ハワイにはけっこう詳しい)」

「現在完了は、yesterday、last month、five years ago のような、現在と切り離された過去の時点を表す副詞句と一緒には使われない」というのはご存じですね。これも現在完了の重点が、「いつその出来事が起きたか」にあるのではなく、「その出来事が現在 (=視点) にどう影響しているか」にあるからなのです。「過去を引きずっている」のが現在完了形の持ち味なのです。

過去完了はどうでしょうか？　よく「過去よりも前を表す」と言われますね。過去完了では **have が過去形 had なので、視点は過去**になります。現在完了が過去にスライドしただけなのです。

　ただし、ここで1つ注意すべきことがあります。現在完了の視点はいつも now ですが、過去の時点は無限にあるので、原則として**過去完了は視点が明示されていないと使えない**のです。次の文を考えましょう。

> **8)** The train **had left** five minutes earlier when I
> *arrived* at the station.
> 「私が駅に着いたとき、電車はすでに5分前に出てしまっていた」

　この文の意味をビジュアル化してみましょう。ここでは、「私が駅に着いた（arrived）」時刻が視点となります。この視点に合わせて、完了形を作る1つめのパーツ have を過去形の had にします。時間をそろえるわけです。そうすれば、「left という状態を持っていた」という意味になり、left は arrived よりも前だということを表現できますね！

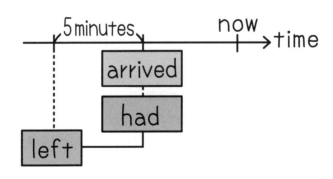

このように、**過去形の動詞が過去完了の視点の役割を果たす**ことがよくあります。

 視点が決まらないと使えない！

　「彼は子どものころにロンドンに 3 年住んでいたことがある」は、どう言えばいいでしょう？

　「現在までの継続なら現在完了だけど、これは過去の継続だから…過去完了だ！　He had lived in London for three years when he was a child. だ！」というふうに考える人がたくさんいます。でも、残念ながら間違いです。

　正解は He **lived** in London for three years when he was a child. です。単なる過去形でいいんです。下の図のように、**ロンドンに住んでいた時期は、子ども時代以前ではなく、子ども時代（was）と重なっている**ということに注意してください。

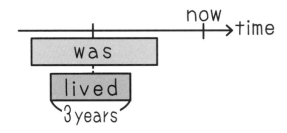

　次の文と比べてみてください。ここでは過去の視点が by で明確に決められているので過去完了を使えます。

> **9)** ***By 1990*** he **had lived** in London for three years.
> 「1990 年までに、彼はロンドンに 3 年住んでいた」

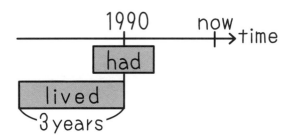

　さっきの問題で、もし He **had lived** in London for three years when he was a child. とやるとどうなるでしょう？　時間の構造は次のようになってしまいます。

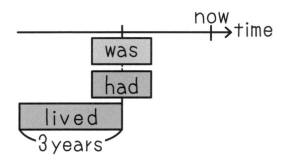

　あらあら、過去完了の視点が when he **was** a child になって「子ども時代以前にロンドンに 3 年住んでいた」となってしまいます。例文 8) と同じような構造ですね。子ども時代以前って、どういう時代でしょう？　生まれる前？

　英語がちょっとできる人は、かえって必要のない過去完了を使ってしまう傾向があるようです。ひょっとすると、あなたもそうかも。

さてここからはちょっとレベルの高いお話です。でもみなさんが英語の小説を読むことがあれば、ぜひ心にとめておいてほしいことです。

　みなさんは学校で「過去完了形は、2つの出来事を起きた順と逆の順序で書くときに使うんだよ」というふうに習ったことがあるかもしれません。たしかに次のような文ではそう見えますね。

> **10)** ... I fell to the ground. A kindly older couple **reached down to help me up**, but it was too late. My train **had left** the station.
>
> (Marie Benedict, *The Other Einstein: A Novel*)
> 「私は地面に倒れた。親切な老夫婦が手をさしのべて助け起こしてくれたが、手遅れだった。私が乗るはずだった列車は駅を出てしまっていたのだ」

　たしかにこの文では、「私の電車が出た→夫婦が私を助け起こしてくれた」という実際に起きた出来事の順序と逆に、A kindly older couple **reached down to help me up** → My train **had left** the station の順で書かれています。でも「過去完了形は2つの出来事を起きたのと逆の順序で並べるときに使う」というルール（?）は、あくまでも初心者向けなのです。

　次の文を見てください。

> **11)** My marriage **had just fallen apart**. I couldn't find a job. I had another girl but she wasn't in town. So I was at a bar having a glass of beer, and two women were sitting a few stools down, and one of them **began to talk** to me.
>
> (Raymond Carver, *Night School*)

この小説は過去完了形の文で始まっています。こんなふうにいきなり過去完了で始まる小説がよくあります。最初の文には最初に起きたこと、いちばん古いことが書かれるのが普通ですから、わざわざ過去完了を使う必要はなく、過去形で書けばいいはず。起きた順序と逆に書くときに過去完了を使うという考え方では、このような書き方の説明がつきません。

　筆者はいったいなぜ過去完了を使ったのでしょう？

　実をいうと過去完了形の本当の役目は、「起きた順序が逆なら使う」というような機械的なものではありません。すでに述べたように、完了形は過去のある視点以前のことが**視点の出来事に影響・関係**していることを示す働きを持っています（→ p. 131）。作家はこの機能を生かし、物語をはじめる前に過去完了形を用いて、その物語に影響する、**物語の開始時点以前のことがら**を説明することがよくあるのです。ですから小説を読むとき、最初にいきなり過去完了形が出てきたら、それはまだ物語のプロットではなく、「**物語の背景となる状況の説明**」だと思って読んでください。つまり過去完了の文では「物語の時間」はまだ動き出してはいないのです。先ほどの例は次のような感じの構成になっています。

　「私の結婚生活は破綻したばかりだった（＝**物語の背景となる状況**）。仕事も見つからなかった。私には別の女がいたが、彼女は街にいなかった。それでバーでビールを飲んでいたら、ふたり組の女性がいくつか向こうのスツールに座っていて（ここまでは**物語の開始時点での状況説明**）、そのうちのひとりが私に話しかけてきたんだ（＝**物語の時間が動き出す**）」

　had just fallen apart（過去完了形）、couldn't find a job（助動詞）、wasn't in town（存在の意味の be 動詞）、was having a glass of beer（過去進行形）はすべて「**状態＝状況**」を説明しています（had も couldn't も wasn't も状態的な意味を持っています）。ですからここまでの段階ではまだ物語の中の時間は動き出していないのです。最後の began to talk（過去形）ではじめて物語のプロットが展開しはじめるのです。

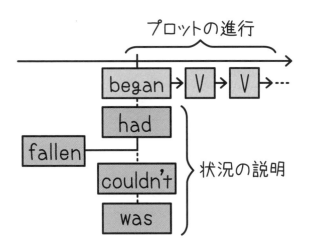

プロットの進行

began → V → V → …

had
fallen
couldn't
was
} 状況の説明

未来の視点以前を表すには？

　次は未来完了をやってみましょう。そのためには、まず「未来形」のしくみ
を考えておかないといけませんね。

　まず次の 2 つの文を考えてください。

12) He **wants** to **buy** a new car.

13) He **will buy** a new car.

12) には want と buy という 2 つの動詞がありますね。車を買うのは未
来のことです。でもそれを望んでいるのは今ですね。こんなふうに、この文
には 2 つの時間が含まれています。「これから車を買うことを、今望んでい
る」という意味なのです。

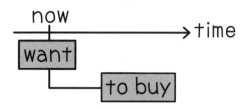

13) も同じことではないでしょうか？　いわゆる「未来形」も will と V、2 つのパーツからできていますね。じつは、will はもともと、「～を欲する」という意味の、want に似た動詞だったのです (→ p. 161, p. 163)。動詞 V が指す出来事は未来ですが、助動詞 **will 自体は現在形**だということに注意してください。つまり、**視点は現在**にあるのです。「will の現在形＋動詞の原形」を全体として「未来形」とみなしているだけなのです。

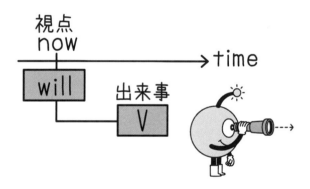

これを完了形と合体させてやれば、はい、未来完了形のできあがり。

14) ***Come*** again ***on Monday***: by that time **I'll have finished** my work.
「月曜日にまた来い。それまでには仕事をやり終えているから」

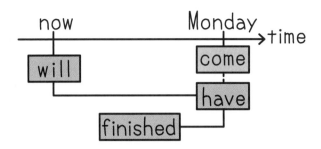

　ご覧のように、未来完了はまず未来（ここでは Monday）に視点を置き、そこを足場にそれ以前の出来事を語るためのしくみなのです。will の働きにより、まず have が未来の視点として設定されます。この have の視点は、前の文脈で示された Come の時点 Monday と結びつきます。次にこの視点を足場にして、視点以前の出来事（= finished）の位置が決定されます。

　ときには、次のように、出来事が過去から現在を越えて未来に及ぶこともあります。

15) ***In November*** we**'ll have lived** in this town ***for three years***.
「11 月でこの町に住んで 3 年になる」

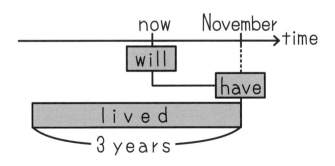

考えてみよう！

A 次の英文の動詞が指示する時点の間の関係を、この章で説明したやり方で図にしてみてください。

I hadn't walked an hour when it began to rain.
「1 時間も歩かないうちに雨が降ってきた」

B （　　）にもっともよくあてはまるのはどれですか。

A: "Did you know that Albert Einstein, the famous physicist, (　　) meat?"

B: "Yes, if my memory serves, he became a strict vegetarian one year before he died."

① hadn't stopped eating
② has been stopped from eating
③ has stopped eating
④ stopped eating

C 次の日本語の意味を英語で表してください。

「彼は私が思っていたより年上だった」

解答・解説

A なぜこの英語がこういう和訳になるのか、よくわかっていない人がいるようですが、これもビジュアル化してみましょう。

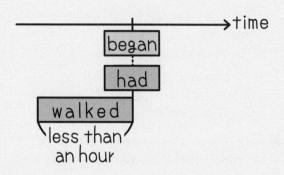

過去形 began が示す、雨が降りだした時点を視点と考えます。これを過去完了の視点として、それより前の出来事を表すためには had を重ねます。ご覧のように、「雨が降りだした時点で、私はまだ1時間歩き終わってはいなかった」(つまり、1時間未満しか歩いていなかった) のです。これを意訳すれば「1時間も歩かないうちに雨が降ってきた」になるわけです。

B [正解] ④

訳 A「有名な物理学者アインシュタインが肉を食べるのをやめたのを知っていましたか」B「はい、私の記憶が正しければ、彼は死ぬ1年前に厳格な菜食主義者になりました」

これは盲点をつく問題です。基礎的な参考書には載っていませんが、原則として、**死んだ人が主語のときは現在完了を使わない**のです。この文脈で③の has stopped eating を使うと、「今も肉を避けている」ことを意味しますが、そもそも彼は生きていないからナンセンスです。だから、「過去の人」には普通は④の過去形を使うのです。

ただし次のように主語の人物が死んでいても現在完了が自然な場合もあります。

Lecture

7

完了形のしくみが見える！①

1) Einstein **has been dead** for about seventy years.

「アインシュタインが亡くなってほぼ 70 年になる」

2) In the 60 years since his death Einstein **has become** a legend.

「アインシュタインは死後 60 年の間に伝説 (の人物) になった」

3) Einstein **has given** us a whole new understanding of the universe.

「アインシュタインは私たちに宇宙のまったく新しいとらえ方を与えてくれた」

彼は今も死んでいるので 1) は OK、彼は今でもレジェンドなので 2) も自然です。3) は今も彼の業績の影響が残っているので可能です。

C He was older **than I had expected [thought]**. と書いた人は、きちょうめんで大変いいと思います。過去の時点 (彼の年がわかった時点) 以前の予想は、過去完了で表すのが論理的ですよね。でも現実には、ネイティブでも **than I expected** と過去形で済ませてしまう人が多いのです。次のデータを見てください。

過去形の動詞 ＋ 比較級 ＋ than ＋ S ＋ **expected**	207
過去形の動詞 ＋ 比較級 ＋ than ＋ S ＋ **had expected**	48

than 節の動詞は expect、think、imagine の 3 つの合計です。考えてみると、than のあとの動詞を過去形にしても、彼の年がわかった時点とそれを予想していた時間の前後関係がわからなくなることはないでしょう。**過去完了は、前後関係がはっきりしていれば、使わずに済ませることも多い**ようです。

it's ten years since 〜と
it's been ten years since 〜

　むかし、ある大学で、「It's been ten years since I moved to Tokyo. の誤りを正せ」というような入試問題が出ているのを見て、ショックを受けたことがあります。ぼくはいつも授業で、「〜以来 10 年たつ」は It's been ten years since 〜 だと言っていたからです。

　いまだに It's ten years since 〜 だけが正しいと思っている人はさすがに少ないと思いますが、どうでしょう？　It's ten years since 〜 のように現在形を使うのはイギリス式という説もありますが、70 年代のイギリスのロックバンド Led Zeppelin の歌詞にも、It's been a long time since ... というのがありました。現在形と現在完了形では意味が違うと書いてある本もありますが、データを見ると、次のような大差がありました。うちのデータベースはアメリカ英語がほとんどですが、it's been のほうを使っておけば問題なさそうですね。

it has been ＋ 時間 ＋ since 〜	2,454
it is ＋ 時間 ＋ since 〜	248

　次のページのグラフを見てください。

　Google Books Ngram Viewer のデータを見ると、1930 年代に is と has been の順位が逆転し、以来 has been がどんどん優勢になってきています。イギリス英語でも 1980 年ごろに has been が is より多数派になっています。

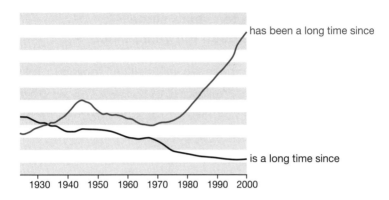

has been a long time since

is a long time since

1930 1940 1950 1960 1970 1980 1990 2000

出典：Google Books Ngram Viewer
https://books.google.com/ngrams/

完了形のしくみが
見える！②

― 仮定法とタイムマシン ―

今回は前回に続き、完了形を中心に、英語が時間を表すしくみについて考えていきましょう。

 準動詞の時間は述語動詞まかせ

現在形や現在完了形、過去形などの動詞は、それ自体が視点となる時間を持っています。現在形・現在完了形なら視点は現在で、過去形・過去完了形なら視点は過去の時点です。ところが、準動詞と呼ばれる to 不定詞、動名詞、分詞は、自分だけでは視点が定まりません。いわば、次のスキーマのような状態なのです。

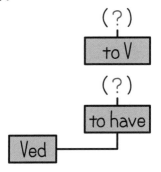

準動詞は単独では文を作ることができません。だから**準動詞の指す時点は、文の述語動詞しだいです。**たとえば、**seem to V では、to V は述語動詞 seem の時間と同じ時**の事柄を表します。また **seem to have Ved では、Ved は seem の時間より前**の事柄を表します。例を見てみましょう。

1) Freddie **seems to be** ill.
「フレディは（今）病気のように（今）思われる」

2) Freddie **seems to have been** ill.
「フレディは（今以前に）病気だったように（今）思われる」

146

3) Freddie **seemed to be** ill.

「フレディは (そのとき) 病気のように (そのとき) 思われた」

4) Freddie **seemed to have been** ill.

「フレディは (そのとき以前に) 病気だったように (そのとき) 思われた」

訳の中の「そのとき」は過去のある時点を指します。実際には yesterday、last year などと明示されることもあります。

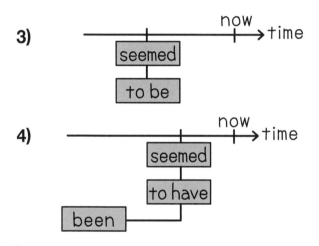

　上が単純形の不定詞を用いた seemed to be のしくみです。下が完了形の不定詞を用いた seemed to have been のしくみです。

　同じ to V でも、その前の動詞が何かによって時間的意味が変わります。seem to V では、to V は seem の時間と同時点の事柄を表しますが、want to V の場合は to V は want よりあとの時間の事柄を表します (→ p.137)。

　動名詞や分詞構文でも、準動詞の表す時間はその文の述語動詞しだいです。

さて、今度は英語が時間を表すしくみの仕上げとして、仮定法について見ていきましょう。

　仮定法と時間の関係について完全に誤解している人がたくさんいるようです。

　あるとき、ぼくが授業で、「子どものころは、自分が男の子だったらいいのにと思った」という英作文の解説をして教室を出たら、男の子がすごく真剣な顔で追いかけてきて言いました。

　「先生、やっぱりわかりません。どうして I wished I *were* a boy. になるんですか。どうして I wished I *had been* a boy. ではいけないんですか。過去の事実の反対は仮定法過去完了で表すんじゃないんですか」

　ぼくは心の中で「あ〜あ、今年もまたこの質問だ…」とつぶやきました。でも、これはこの子が悪いんじゃありません。仮定法の最初の教え方に重大な問題があるのです。

　はじめて仮定法を習ったときのことを思い出してください。こんなふうに教わったんじゃありませんか？

　「現在の事実に反する仮定は仮定法過去形で表し、過去の事実に反する仮定は仮定法過去完了形で表す」 注1

　この定義は、ウソとは言わないまでも、いわば初心者用にやさしくした説明なのです。英語の勉強が進んでくると、これではつじつまが合わなくなってきます。もう少し本質的な説明が必要なのに、たいていの文法書にはそれが載っていません。というわけで、この定義をすりこまれた人が、さっきのような質問をすることになるのです。

　ぼくなりに仮定法を定義し直してみます。こんな感じになるでしょう。

Ⅰ 視点と同時の事実に反する仮定は仮定法過去形で表し、視点以前
の事実に反する仮定は仮定法過去完了形で表す。

Ⅱ 視点は次のようにして決定される。

A) 仮定法が独立した文の中で使われているときは、視点＝現在。

B) 仮定法が従属節に使われているときは、視点＝主節の動詞が
示す時点。

　仮定法とは、そもそも事実に反する仮定だけではなく、**現実の時間と切
り離された「想像の世界の出来事」を描くための形**なのです。だから、**仮定
法の動詞は自分だけでは視点となる時間が定まらない**のです。この点で仮
定法はさっき見た準動詞とよく似ています。

　今、仮定法過去形の代表として were を、仮定法過去完了形の代表とし
て had been をビジュアル化してみましょう。？は視点となる時が定まって
いないことを表します。

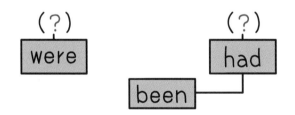

Lecture

8

完了形のしくみが見える！②

仮定法が独立して使われているとき

　再定義 Ⅱ A) の「仮定法が独立した文の中で使われているとき」というの
は、次のようなときです。

> **5)** If I **were** a bird, I **would fly** to you.
>
> **6)** If I **had been** a bird, I **would have flown** to you.

これらの文では、動詞は主節も if 節も仮定法です。仮定法だけで文ができています。だから本当なら、視点が定まりません。これらの文は次の意味でしかないはずです。

> **5)**（**?**）の時点で私が鳥なら、あなたのもとへ飛んでいくだろう。
>
> **6)**（**?**）以前に私が鳥だったら、あなたのもとへ飛んでいっただろう。

しかし、こういう場合は「今」、つまりこれらの文が作られた時点が視点として解釈されるのです。なぜでしょう?

どんな言語でも、言葉というものは、とりたてて何も時点を示す文脈がないときは、とりあえず**「今・ここ(＝文が作られたその時点・地点)」を中心として解釈される**のが普通だからです。たとえば、だれかが「暑っ!」と叫ぶのを聞いたら、「今・ここ」が暑いんだな、と考えるのが普通ですね。

この**「発話時点中心の原則」**により、さっきの文は次のように解釈されます。

> **5)**（**今**）の時点で私が鳥なら、あなたのもとへ飛んでいくだろう。
>
> **6)**（**今**）以前に私が鳥だったら、あなたのもとへ飛んでいっただろう。

6) の「(今) 以前に」というのは、具体的には yesterday とか ten years ago とかの過去のある時点です。

仮定法が従属節で使われているとき

　次に、再定義 II B) の「仮定法が従属節に使われているとき」です。wish のあとの節がこれにあたります。

---

7) I wish I **were** rich.
　「(今) 自分が金持ちであればいいのにと (今) 思っている」

8) I wish I **had been** rich.
　「(今以前に) 自分が金持ちだったらよかったのにと (今) 思っている」

---

　7) で I were rich が「今自分が金持ちであれば」の意味になれるのは、主節の**現在形 wish によって「今」という視点を与えられているから**です。同じように 8) の I had been rich は、**現在形 wish から視点をもらい、それ以前を指す**ので、「今以前に自分が金持ちだったら」の意味になれるのです。
　では、この wish が過去形になったらどうなるでしょう？

---

9) I wished I **were** rich.
　「(そのとき) 自分が金持ちであればいいのにと (そのとき) 思った」

10) I wished I **had been** rich.
　「(そのとき以前に) 自分が金持ちだったらいいのにと (そのとき) 思った」

---

　9) で I were rich が「そのとき自分が金持ちであれば」の意味になるのは、**過去形 wished に過去の視点を与えられているから**です。一方、10) の I had been rich は、**wished の視点以前を指す**ので、**過去の時点よりさらに前**を指します。
　さて、「子どものころは、自分が男の子だったらいいのにと思った」に戻りましょう。正解はこうです。

Lecture

8

完了形のしくみが見える！②

151

11) When I was a child, I **wished I were** a boy.

「子どものときに自分が男の子であればいいのにと、子どものときに思った」という意味ですね。**子ども時代＝願望を持った時点**です。それが were a boy の視点になりますから、ビジュアル化するとこうなります。

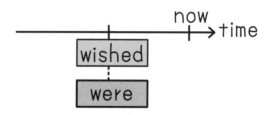

では、もし次のように書いたらどうなるでしょう？

12) When I was a child, I wished I **had been** a boy.

そう、これでは「子どものとき以前に自分が男の子だったらよかったのにと、子どものときに思った」となってしまいます（次の図）。子どものとき以前？？　お母さんのおなかにいるときでしょうか？　これでは変ですよね。

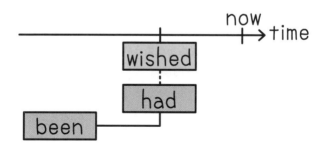

wish の文の他に、as if 節に仮定法が使われる場合も II B) に相当します。as if 節が従属節です。

---

13) He was as cold as if he **were dead**.

14) Her face was pale as if she **had seen** a ghost.
「彼女の顔は（そのとき以前に）幽霊を見たかのように（そのとき）青白かった」

---

13) の仮定法 were は主節の過去形の動詞 was により過去の視点を与えられるので、「彼は（そのとき）死んでいるかのように（そのとき）冷たかった」という意味になります。

14) の仮定法 had seen も主節の was に過去の視点を与えられ、完了形なので「その視点以前に幽霊を見た」という意味になるわけです。

注1 「なんで現在のことを言うのに過去形を使ったりするんですか？」——実際にこういう質問をする人はあまりいませんが、心のどこかでみんな少しは不思議に思っているのではないでしょうか。

「現在と離れた過去のことを表す形を使うことで、今の現実との距離感を出しているのだ」なんていう説明を、ずっとむかし、大学の英語学の講義で聞きましたが、今でもそういう説明が行きわたっているようです。そういう感覚的な説明もいいでしょうが、もうちょっと論理的な説明はできないでしょうか。

ずっと前、ぼくは *Back to the Future* を見ていました。ご存じタイムトラベルものの名作映画です。主人公は、まずいことが起きると、その時点より前に戻ってその出来事を阻止しようとします。

これを見ていてふと思いました。「今の状態を変えようと思ったら、『**今**』**より前**、つまり**過去**に戻って行動を起こさねばならない。その行動を起こした時点で、時間は現実とは別の道に枝分かれする（パラレルワールド？）。やがて、その分岐の時点から見た**未来に、さっきとは違う『今』**が

やってくる。だから if 節に**過去形**、主節に would つまり『**過去から見た未来**』を表す表現を使うのかな」と。

たとえば、現実には今金がない、だから欲しい服が買えない、とします。

I **have** no money, so I **can't buy** the dress.

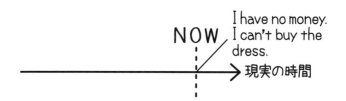

それで、ちょっと過去に戻ってお金を調達すれば、今ドレスを買うことになる。

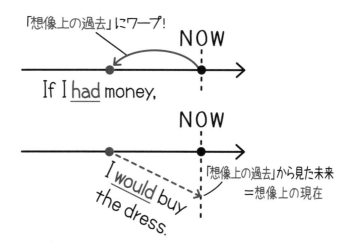

If I **had** money, I **would buy** the dress.

では、過去の現実を変えようと思ったらどうか？　その**過去の時点よりさらに前**に戻ってそれを変えねばならない。その現実を変えた時点で、時間は別の道に枝分かれし、やがて、**その分岐の時点から見た未来**に、さっきとは違う

「過去の時点」がやってくる。

だから、if 節に**過去完了形**を使い、**過去以前から見た未来**を表すために主節に would ＋完了形を使うのかな？　と思います。

たとえば、現実にはこの前の日曜日、お金がなかったから服を買えなかったとしましょう。

> I **had** no money, so I **couldn't buy** the dress.

そこで、その日曜日よりちょっと以前に戻ってお金を調達すれば、そのときドレスを買うことになったでしょうね。

> If I **had had** money, I **would have bought** the dress.

英語が生まれた時代にタイムマシンはなかったでしょうが、仮定法の使い方はこんな発想から生まれたのかもしれません。

考えてみよう！

今までの人生で、過去のある特定の時点にもう一度戻れるとしたら、あなたはどの時点に戻り、何をしたいですか。その理由を具体的に示し、80 語程度の英語で答えなさい。ただし第一文は If で書きはじめなさい。

解答・解説

[解答例]

(If I could go back in time,) I would go back to the Christmas Eve three years ago and have a good time in Disneyland with a boy in my class, who asked me out that day. I was surprised and very happy when he invited me, because I liked him very much, but I was too shy to accept his invitation. So he went to Disneyland with another girl. They still go out together, and I'm still kicking myself for not saying yes that day.

「(もし時代をさかのぼることができるなら) 私は 3 年前のクリスマス・イブに戻って、その日に私にデートをしようと言った男の子とディズニーランドで楽しく過ごすだろう。私は彼が大好きだったので、彼が誘ってくれたとき、びっくりしてとてもうれしかったのだが、私は恥ずかしがりなので彼の招待を受け入れられなかった。それで彼は別の女の子とディズニーランドに行った。ふたりは今でもつきあっていて、私は今もあの日「はい」と言わなかったことを後悔している」

これは神戸大学の入試問題ですが、かなり盲点をついていると思います。作文という形をとっていますが、仮定法を正しく使えるかどうかを試そうとする意図がはっきりしています。

「過去の事実に反することをしようというのだから、仮定法過去完了形を使えばいいのかな？」と思った人はいませんか？　よく考えてください。

まず何を仮定するのかというと、「今、過去のある特定の時点にもう一度戻れるとしたら」です。言い換えると「今、もしタイムマシンがあれば」ということです。だから、視点は現在、したがって if 節は仮定法過去形でいいのです。

さて、本当に過去のある時点に戻れたとしたら、そこはもはや過去ではありません。過

去に戻った人にとっては「新しい今」なのです。だから、「何をしたい」という部分も仮定法過去形でいいのです。つまりこの問題は、たとえば「今もし他の惑星に行けるとしたら、どの星に行って何をしたいですか」という問題と同じ感覚で書けばいいんです。

ところで、未来を予知できる超能力者 Johnny の運命を描いた、スティーヴン・キングの小説 The Dead Zone『デッドゾーン』に、次のような一節が出てきます。第二次世界大戦中に息子をナチスに殺された老人に、主人公の Johnny が問いかけます。

"Well ... suppose ... just suppose you **could** hop into a time machine and go back to the year 1932. In Germany. And suppose you **came** across Hitler. **Would** you kill him or let him live?"

「たとえば…もしも…仮にあなたがタイムマシンに飛び乗って 1932 年に行けるとしよう。ドイツで、もしヒトラーに出会ったとしよう。あなたは彼を殺すか、それとも生かしておくか?」

（太字：刀祢）

1932 年というと、ヒトラーのナチス党が総選挙に勝って実権を握った年です。この問題と似た状況設定ですね。やはり仮定法過去形が使われています。この小説はクリストファー・ウォーケン主演で映画化されています。映画にもこの印象的な仮定法のシーンが出てきます。機会があれば見てみてください。

Lecture **8** 完了形のしくみが見える！②

157

to V と Ving の
違いが見える！

— 未来と現実 —

英語の授業で、「want には to 不定詞がつくが、avoid は ing 形だけだ」みたいなことを習って、ひたすら暗記したことはありませんか？　こういう使いわけには、いったいどういう理由があるのでしょう。今回は、to 不定詞（以下 to V）と ing 形（以下 Ving）の使いわけのメカニズムに迫ります。

「未来性」と「現実性」

　じつは to V の to は、もとは前置詞の to だったのです。だから、今でも to V には「**V という行為に向かって**」、つまり「**これから V しよう**」という意味——「**未来性**」 注1 —— が感じられる場合が多いのです。ただ、普通の to (→ p. 267) とはちょっと違って、**その行為にまだ到達していない状態を表すことが多いようです。** 注2　まだ現実になっていないという意味で、「**未現実性**」と言ってもいいでしょう。

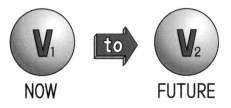

　たとえば、みなさんがたぶん最初に習った「**目的**」を表す **to V** にもこの**未来性**があります。He has come here **to see** you.「彼はきみに会うためにここに来た」では、come はすでに実現していますが、see のほうはまだこれからですね。

　We **are to start** tomorrow.「あす出発する予定である」のような **be ＋ to V** の形にも、この未来性がはっきり出ています。この be をはぶいた、ニュースの見出しでよく見る、President Zelensky **to** visit U.S.「ゼレンスキー大統領、アメリカ訪問の予定」などの形も、不定詞の未来性をうまく生かした表現です。ここでは to が President Zelensky **will** visit U.S. の

助動詞 will と同じ働きをしています。

　Mr. President-**to**-be は「これから大統領になる人」、つまり the man who **will** be President のことです。years **to** come は「これから来る年＝これから先」という意味です。

　これと対照的に、Ving のほうには、本来そういう未来指向的なニュアンスはありません。時間に関してはニュートラルと言ってよいでしょう。むしろ、**「今現にVしている／すでにVした」という意味、つまり「現実性」を持つことも多いです**。この違いを覚えておくと、to V と Ving の使いわけがよくわかるのです（もちろん、反例もありますが）。

注1　ここでの「未来」は「現在よりあと」という意味ではなく、「視点となる時点よりもあと」という意味です。

 どちらを目的語にとるか

　まず「**to V だけを目的語にとる動詞**」を見てみましょう。たとえば、I want **to study** in the U.S. という文を考えてください。want「～したい」と思っている今の時点では、まだ study in the U.S. という行為は実現していませんね。さっきの He has come here **to see you**. の場合と同じです。to V だけをとる、代表的な動詞を見てみましょう。

hope to V, wish to V「Vしたい」　　offer to V「Vすると申し出る」

intend to V「Vするつもりだ」　　wait to V「Vするのを待つ」

mean to V「Vするつもりだ」　　decide to V「Vすると決める」

expect to V「Vするつもりだ」　　choose to V「Vすることを選ぶ」

promise to V「Vする約束をする」　　seek to V「Vしようと努力する」

agree to V「Vすることに同意する」

ご覧のように、to V だけをとる動詞には「**これから V しよう**」という「**未来性**」と結びつくものがとても多いのです。ただ未来というだけでなく、「これから V しよう」という、**行為 V に対して積極的な姿勢**のものが目立ちますね。**願望・欲求・意図・決定・努力・同意**などの意味の動詞が含まれます。

「**Ving だけを目的語にとる動詞**」はどうでしょう。

avoid Ving「V するのを避ける」

mind Ving「V するのをいやがる」

postpone [put off] Ving
「V するのを延期する」

give up Ving「V するのをやめる」

miss Ving「V しそこなう」

stop Ving「V するのをやめる」

escape Ving
「V するのをまぬかれる」

finish Ving「V し終える」

やめたり、避けたり、いやがったりと、to V の場合とは逆に、**V という行為に対して消極的・否定的な意味**の動詞が目立ちます。

このことがよく表れているのが like「〜を好む」と dislike「〜を嫌う」です。like は to V をよくとりますが、否定的な意味を持つ dislike は Ving が普通です。

下のデータを見てください。

	+ to V	+ Ving
like	85.3%	14.7%
dislike	4%	**96%**

もう1つ、注目すべきポイントがあります。I **enjoy studying** English. という文では、これからのことではなく、すでにやっている study English という行為が楽しいわけですね。同じく **admit Ving**「V している [した] ことを認める」や **deny Ving**「V している [した] ことを否定する」も、「**すでに V している・した**」という現実の行為を指しています。この種の動詞も

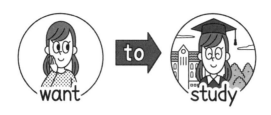

多いです。

　考えてみると、stop、finish、give up なども、すでにやっている行為を
やめる、終えるという意味ですね。

これは本当に例外？

　さて、ここまでの原則的な説明で考えると、一見例外のように見える動詞
がいくつかありますね。英語教師にとってもいやな存在ですが、それらは本
当に例外というしかないのでしょうか。考えてみましょう。

　consider + Ving「V しようかと考える」の V はこれからの行為なのに、
なぜ + to V を使わないのかと質問する人がいます。でも consider Ving
は **V を検討している段階**であって、まだはっきり V に向かってはいません。
つまり decide to V よりも前の段階なのです。あるいは consider を
think about でパラフレイズしてみると違和感がやわらぐかもしれません。

I'm **considering** buying the car.
≒ I'm **thinking about** buying the car.

refuse は + to V のみです。V の行為に対して否定的な行為なのになぜ Ving ではないのかという質問が多いです。これも次のように言い換えてみるとどうでしょう？

He **refused** to do the work.
≒ He **didn't agree** to do the work.

fail もなぜ + to V なのかという質問がよくあります。たしかに fail は「否定的」な意味ですが、fail to V は「（V しよう [したい] と思うが）V できない」という意味です。つまり **V に向かおうとする意志は含まれている**のです。I **tried** and **failed to** stop him.「彼を止めようとしたが、だめだった」のように to V を try と「共有」できることからもそれがわかるでしょう。また次のように manage とリンクしてもしっくりくるかもしれません。

She **failed** to meet the deadline.
「彼女は締め切りに間に合わなかった」
≒ She **didn't manage** to meet the deadline.

hesitate to V「V するのをためらう」も、単に行為 V に対して否定的なのではなく、「try to V しているけれど can't decide to V」という意味ですね。V に向かう意志はあるのです。

意味の違いが出る動詞

　to Ｖか Ving かで意味が違う動詞がいくつかあります。

　たとえば、stop です。**stop Ving** は「(現実に)Ｖしていたのをやめる」という意味です。I stopped smoking. は今まで現実にタバコを吸っていたのをやめたという意味ですね。

　一方、**stop to Ｖ**は「Ｖするために立ちどまる、他の行為をやめる」という意味になります。この to Ｖは、stop の目的語ではなく目的を表す副詞用法ですが、to Ｖの未来性という点ではどちらにしても同じです。

　ところで、普通の文法書には I stopped to smoke.「私はタバコを吸うために立ち止まった」なんていう例文がよく載っていますが、stop to smoke は手元のデータの 1,770 例の中では 3 例でした。もっとも使用例が多いのは look、次が think でした。**stop to think** は「考えるために立ちどまる」➡「(しばらくの間) よく考える」という熟語としてよく使われます。「考えるのをやめる」と誤訳しやすいので注意しましょう。

> We rarely **stop to think** about how the language works.
> 「私たちは言語がどんなしくみなのかをじっくり考えることは少ない」

　stop to のあとにくる動詞のランキング (ニュース・雑誌・映画などのデータ) は次のとおりです。

【データリサーチ6】 stop to のあとにくる動詞ランキング　　　　　（1,770例中）

1	look		177
2	think		136
3	talk		100
4	watch		88
5	listen		71
6	help		46
7	ask		46

　remember は、**remember to V** だと「**（これから）V すべきことを覚えている＝忘れず V する**」、**remember Ving** だと「**すでに V したことを覚えている**」となります。forget にも同じ使い分けがあります。

　また、**regret to V** は「**これから V しなければならないのが残念だ**」、**regret Ving** は「**すでに V したことが残念だ**」という意味になります。

　try の場合、**try to V** は「**（これから）しようと努力する**」、**try Ving** は「**現実に V してみる**」という違いがあります。たとえば、I tried **to cry** out for help, but *I couldn't*. 「助けを呼ぼうとしたが、できなかった」の to cry を crying にはできません。crying では「現実に叫んでみた」の意味になって、but I couldn't. と矛盾するからです。

 start to V と start Ving は本当に同じ意味か

　みなさんは、begin や start では「後ろに to V がきても Ving がきてもいいよ」と習ったかもしれません。たしかに、たいていはどちらを使っても大きな問題はないでしょう。でも、文脈によっては to V と Ving の違いが

はっきり表面に出てくることがあります。

　サリンジャー の *The Catcher in the Rye*『ライ麦畑でつかまえて』を読んでいたら、こんなくだりを見つけました。ちょっと読んでみてください。

> I went over to my window and opened it and packed a snowball with my bare hands. The snow was very good for packing. I didn't throw it at anything, though. **I started to throw it**. At a car that was parked across the street. But I changed my mind. The car looked so nice and white. Then **I started to throw it** at a hydrant, but that looked too nice and white, too. **Finally I didn't throw it at anything**.
>
> 「部屋の窓のところに行って、窓を開けて雪を素手で固めて玉を作った。すごく固めやすい雪だったんだ。何かに投げつけたりはしなかったけど。投げようとはしたよ。通りの向こう側に止まっていた車にね。でも気が変わったんだ。その車がほんとに真っ白できれいだったから。それで消火栓をねらって投げかけたんだけど、それもやっぱりあまりにも真っ白できれいだった。で、結局どこにもぶつけなかったんだ」
>
> （訳と太字：刀祢）

　この文の started to throw を started throwing にすると、ちょっとおかしいことになります。**start to V は「これから V しようとする、V しかける」**という意味で、現実には V しない場合にも使うことができます。ところが、**start Ving だと「現実に V しはじめる」**という意味になるので、上の文で I started throwing とすると、I didn't throw it at anything と矛盾してしまうのです。try to V と try Ving の違いに似ていると思いませんか。

　like や hate も、「to V も Ving もとれる」と習ったかもしれませんが、果たしていつもそうでしょうか？　次の文を見てください。

1) I **would like to be** a teacher.

2) I **like being** a teacher.

1) は「教師になりたい」ですね。like であっても「これから V したい」を表す would like to V には Ving は使いませんね。未来指向だからです。

一方、2) は「今現実に教師であることが楽しい」という意味です。I enjoy being a teacher.「今教師であることを楽しんでいる」に近い意味ですから、未来指向の to V ではこの意味を表すことはできません。

ここにも、「**未来性**」vs.「**現実性**」のあざやかな対立がありますね。

 「お会いできてうれしいです」

次の 2 つの表現は意味がどう違いますか?

3) (a) Nice **to meet** you.　　(b) Nice **meeting** you.

どちらも前に it（形式主語）+ is が省略された文です。

(a) は「はじめまして」の意味ですね。これから会話が始まるのだから、やはり未来性を感じますね。

一方 (b) は、別れ際に「会えてよかったです」の意味で使われることが多いのです。その時点では会ったことはすでに「過去の現実」となっているわけですね。

辞書はどこまで実態を反映しているか

　ぼくがある文法の参考書で、intend を to V のみをとる動詞のリストに入れたら、ある高校の先生から「辞書には Ving もとると書いてあるから、これはおかしいんじゃないか」という意見が寄せられました。たしかに、ある有名な英和辞典には、「(時に)doing」なんて書いてありますが、「時に」って、いったいどれくらいの頻度なんでしょう？

　昔だったら、だれかが英作文で intend going と書いても、教師は「うーん、to V のほうが普通だと思うけど、辞書に Ving も載ってるからなあ…」と言うしかなかったでしょうが、今は自分で調べられる時代です。うちのデータベース（アメリカ英語がほとんど）で分析してみたら、10,000 例中 intend to V が 9,969 例に対して intend Ving は 31 例、99.7％ が to V でした。少なくとも普通の人は、intend Ving は無視してもよさそうですね。

　辞書というのは、どんなに少ない例でも載せてしまうものですが、英語初心者にとってはそれがかえってありがた迷惑なこともあります。

 名詞にも未来性と現実性がある

　want と enjoy のような未来性と現実性の違いは、じつは名詞にもあります。次の (a) と (b) ではどちらが自然な英語でしょうか？

　4) My **goal** is [(a) to discover　(b) discovering] the truth.
　5) My **hobby** is [(a) to collect　(b) collecting] stamps.

　goal「目的」はまだ果たされていませんから、その内容に**未来性**があります。**hobby** はすでにやっていることだから**現実性**を帯びています。次の

リサーチ結果を見てください。4) は to discover、5) は collecting のほうが自然だとわかりますね。

主語	補語：to V	補語：Ving
goal	**1,998 (96.2%)**	78 (3.8%)
hobby	0 (0%)	**29 (100%)**

では、次はどうですか。

> **6)** My **job** is [(a) to speak (b) speaking] to clients on the phone.

「仕事は現実にやっていることだから、speaking かな」と思った人はいますか？　でもじつは、(a) to speak が普通です。うちのデータでは、主語が job のときの補語は、to V が 2,052 例（94.7%）に対し Ving は 115 例（5.3%）でした。なぜでしょう？

　最初に to V は助動詞 will の意味を持つと言いましたが、じつは to V の意味の範囲はもっと広く、**助動詞 should や can の意味を持つことも多い**のです。「私の仕事」とは「私がやる**べき**こと、任務」と考えられるので、その「**べき**」の意味を表すために to V が使われるのでしょう。I have a lot of homework to do. の to do も should do の意味ですね。have to V「V せねばならない」の to V も同じです。job 以外では主語が duty「任務・義務」、mission「使命」、purpose [goal, aim]「目的」のときにも補語に to V が使われます。

My **duty** [mission] is to protect you.

🔍 形容詞（句）にも

さらに、名詞にその内容を表す形容詞句をつけるときにも、to V の性質が現れます。

> an [the] attempt to V「V する試み」
>   cf. attempt to V「V しようとする」
> a [the] promise to V「V する約束」
>   cf. promise to V「V すると約束する」
> an agreement to V「V するという合意」
>   cf. agree to V「V することに同意する」
> a tendency to V「V する傾向」　cf. tend to V「V する傾向がある」
> the ability to V「V する能力」　cf. be able to V「V できる」
> a [the] right to V「V する権利」

ここにあげた名詞は、やはり「これから V しよう」という未来指向の意味を持っていたり、「V できる」という可能の意味を持っていたりするものばかりです（to V を目的語にとる動詞の名詞形が多いですね）。これらを of Ving にすることはほとんどありません。うちのデータでは、ability to V は13,082 例ありましたが、ability of Ving は 27 例でした。辞書には + of Ving も載っていることがありますが、英語を書くときには使わないでください。

未来指向的な意味がない名詞はどうでしょうか？　たとえば、

> a [the] habit of Ving「V する習慣」
> the experience of Ving「V する［した］経験」
> a [the] memory of Ving「V した記憶」

これらの Ving はどれも、未来にめざす行為ではなく、現実に V した [V する] ことを表しています。これらを to V に置き換えることはできません。

　形容詞にも注意すべきものがあります。

> **7)** He is **ready to write** a book. 「彼は本を書く用意ができている」
>
> **8)** He is **busy writing** a book. 「彼は本を書くのにいそがしい」

　7) の be ready to V では、用意ができているのは今でも、書くのはこれからですね。**ready は未来指向**の形容詞です。次のような形容詞も同じ仲間です。

> be willing to V「V する気がある」　　be sure to V「必ず V する」
> be bound to V「必ず V する」　　be due to V「V する予定だ」
> be about to V「今にも V しそうだ」　　be eager to V「強く V したがる」

　一方、8) の be busy Ving では今、現実にしている行為 (writing) によって今いそがしいのです。こんなふうに Ving をとる形容詞は珍しいので、間違って busy のあとに to V をつける人がいますが、Ving の現実性（同時性）を意識するようにすればそんな間違いはしなくなるでしょう。

熟語はどうか

今度は「熟語」と言われるものを考えてみましょう。

9) Brenda **made** every **effort to finish** her work.
「ブレンダは仕事を仕上げるのに全力を尽くした」

10) Dylan **spent** the evening **watching** videos.
「ディランはその晩ビデオを見て過ごした」

make effort to V「V する努力をする」では、**努力している時点ではまだ V は未来**ですね。「努力する→ V する」という関係です。でも **spend *A* Ving**「A を V して過ごす」では、A を過ごしているときに、**V という行為を現実に行って**います。A を過ごすという行為と V するという行為は同時並行なのです。Ving に in がつくことがありますが、これも spend と Ving が時間的に重なっている証拠です。

have a good time (in) Ving「V して楽しく過ごす」、**have difficulty (in) Ving**「V するのに苦労する」、**enjoy oneself Ving**「V して楽しむ」などにも同じ関係が含まれていますね。

それではこのへんで、Nice **talking to** you. I hope **to see** you again soon!

注2 この点では、to V はむしろ for (→ p. 267) の意味に近いわけです。おもしろいことに、むかしの英語では、to V の前にさらに for がつけられて、for to V となることがありました（中期英語 [1150–1500] に多かったそうです）。現代の英語で、to V と for ＋名詞の両方をとる表現が非常に多いことも興味深いと思います。

例： be eager to V「V することを熱望している」と be eager for A「A を熱望している」

hope to V「V することを望んでいる」と hope for A「A を望んでいる」など。

考えてみよう！

A 「こんなことは言いたくないが…」という前置きには次のどちらがふさわしいでしょう？　考えてみてください。

1) I hate to say this, but ...
2) I hate saying this, but ...

B 次の2つの文でより頻度が高いと思われるほうを選んでください。

1) I was afraid (　　).
① to jump　② of jumping

2) I was afraid (　　).
① to fall　② of falling

C 約束の時間に遅刻した人が「遅刻してすみません」というにはどんな英語を使うのがいいでしょう？

I'm sorry _____ .

D (　　　) にもっともよくあてはまるものを選んでください。

The poor woman tried (　　) out "Help" but the word stuck in her throat.
① having shouted　② shouted
③ shouting　④ to shout

E 次の文はどちらが自然ですか。理由も考えてください。

1) My dream is to marry you.
2) My dream is marrying you.

F 「彼は娘をかばってけがをした」という意味を表すには次のどちらが自然ですか。理由も考えてください。

1) He got hurt to protect his daughter.
2) He got hurt protecting his daughter.

G 次の日本語の意味を英語で表してください。

彼はアメリカに留学するのをあきらめた。

174

解答・解説

A [正解] 1)

これからいやなことを言おうとしているのですから、1) の to V のほうが自然なはずですね。I hate to say this が I don't want to say this とほぼ同じ意味であることを考えても、to say を使うわけがわかるでしょう。うちのデータでは、1) は 139 件、2) は 1 件でした。

B [正解] 1) ① 2) ②

jump の場合 afraid to V のほうが afraid of Ving より多いです。

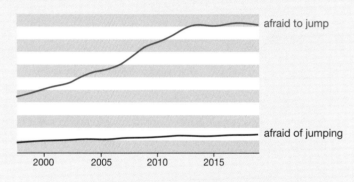

afraid to jump

afraid of jumping

2000   2005   2010   2015

出典：Google Books Ngram Viewer
https://books.google.com/ngrams/

be afraid to V では単に V という行為がこわいのではなく、**V という行為に至るプロセス**が意識されるのでしょう。だから「V に進むことがこわい、こわくて V する気になれない、決心ができない」という意味を表せるのでしょう。jump「ジャンプする」は**意志的な行為**、つまり自分で決めて選べる行為なので afraid to V と相性がいいのでしょう。次のような表現をながめてみてください。afraid to jump も自然に感じられてくるかも。

I was too scared to jump.	I couldn't decide to jump.
I was unwilling to jump.	I didn't want to jump.
I hesitated to jump.	I was unable to jump.

一方、be afraid of Ving は V という行為自体がこわいという意味になります。だから「落ちるのではないかと恐れる」と訳されることがあります。fall「落ちる」は**非意志的な行為**なので afraid to fall より afraid of falling のほうがしっくりくるようです。

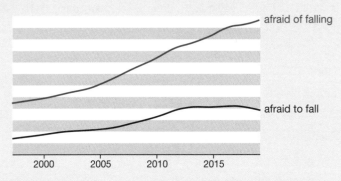

出典：Google Books Ngram Viewer
https://books.google.com/ngrams/

なお動詞 fear「～を恐れる」のあとの to jump と jumping、to fall と falling についても be afraid と似た傾向が見られます。それぞれ to jump と falling が優勢です。

C 英語の授業で I'm sorry to be late. と習った人がいるかもしれませんが、次のデータ（映画・ドラマ）を見てください。

(I'm) sorry I'm late	493
(I'm) sorry to be late	18
(I'm) sorry about being late	4
(I'm) sorry for being late	3

およそ 95% が (I'm) sorry **I'm late**. でした。一方、大学入試のデータを調べると、62 例中 51 例が (I'm) sorry I'm late. で、8 例が I'm sorry to be late. でした。日本の大学の先生は、やや to be late が好きなようですね。

Practical English Usage（Michael Swan 著／Oxford University Press）という本には「sorry を to V と一緒に使うのは、"something we **are doing or about to do**" について謝るときである」とあります。

また、『新版　日本人に共通する英語のミス 151』（James H. M. Webb 著／ジャパンタイムズ出版）には、「今やっていること、あるいはこれからやろうとすることについて謝るときには、《sorry + to 不定詞》を使うことができ」、「すでにしてしまったことについて謝るときは、《sorry (that ～)》、…あるいは《sorry about + 名詞または動名詞》を使う」とあり、I'm sorry to be late. は誤りで、(I'm sorry) I'm late を使うべきだと書かれています。つまり、すでに遅刻してしまっているので、to V は変だ、というわけですね。上のデータもこれらの説明を裏づけていますが、sorry about being late は少ないですね。

では、sorry + to V は具体的にどんなふうに使うんでしょう？　データを調べると、(I'm) sorry to say が 781 例でトップ、2 位が to interrupt「（お話し中）お邪魔しますが」で 667 例でした。I'm sorry to say ... というのは、Ⓐ でやった I hate to say ... に近い意味ですね。**これから言うこと**について謝っているのです。I'm sorry to bother you「すみません、おじゃまします」（307 例）も多いです。ただし、I'm sorry to **have bothered** you.「お邪魔してすみませんでした」のように to のあとに完了形を使って、すでにしてしまったことに謝る表現も 86 例ありました（なお、以上の数字には I'm sorry to hear ... のような「…して気の毒に思う」系の表現は入っていません）。

Ⓓ ［正解］④

慶應義塾大学の入試問題です。try to V は「（これから）V しようと努力する」という意味ですが、try Ving には「現実に V してみる」という違いがあります。この問題では but the word stuck in her throat「しかし言葉がのどにつかえた」とありますから、現実には叫べなかったわけですね。したがって、③の tried shouting「実際に叫んでみた」では矛盾が生じます（→ p. 166）。

Ⓔ ［正解］1)

you との結婚が夢だということは、話し手はまだ you と結婚していないわけですね。未来［未現実］のことですから to marry のほうが普通です（→ p. 160）。My dream is **to V** と I would like **to V** は意味が近いですね。うちのデータでは、my [your, his, etc.] dream is のあとの動詞は to V が 314 例（約

97%)、Ving が 9 例 (約 3%) でした。

F [正解] **2)**

1) He got hurt to protect his daughter. は「娘を**かばう目的で** (意図的に手段として) けがをした」というニュアンスになります。2) He got hurt protecting his daughter. は「娘を**かばっているときに**けがをした」という同時的意味になります。多くの日本人は 1) のように書きますが、けがは普通わざとするものではないので 2) のほうが自然でしょう。頻度も got hurt protecting のほうがはるかに高いです。なお got hurt trying to protect his daughter も自然です。

G 「『あきらめる』は give up、give up は Ving をとるから、He gave up studying in the U.S. かな」と考えた人はいませんか？　それはちょっとまずいです。**give up Ving** は普通「**現実に V していたのをやめる**」という意味なので、He gave up studying in the U.S. だと、「彼は留学を途中でやめた」の意味にとられるおそれがあります。

日本語は「アメリカに留学しようと思っていたけど、その考えを捨てた」という意味なので、He gave up **the idea of studying** in the U.S. とでもしないといけません。

自動詞と他動詞の
違いが見える！

― talk がどうして他動詞に？ ―

区別のキーワードは前置詞

　動詞に自動詞と他動詞があるのは知っていますね。でも、その違いははっきりわかりますか？　「自動詞は目的語をとらない、他動詞は目的語をとる」というようなとらえ方だけでは、あまり実用的ではありません。

　いちばん実践的な自動詞・他動詞の区別は次のとおりです。

| 自動詞 | あとに名詞を置くとき、前置詞の助けが必要な動詞 |
| 他動詞 | あとに名詞（目的語）を置くとき、前置詞の助けがいらない動詞 |

　たとえば、oppose という動詞を「反対する」と覚えているだけだと、次のような文を作ってしまうかもしれません。

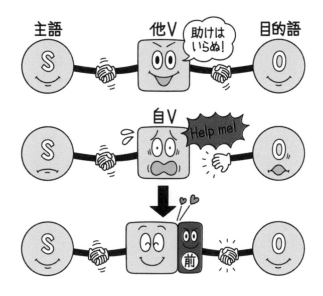

✗ He **opposed** *to* my proposal.
「彼は私の提案に反対した」

oppose は他動詞なのです。だから前置詞 to はいりません。しかし、日本語で「〜に反対する」と言うことを考えると、うっかり to を入れがちです。一方、同じような意味の object は自動詞です。だから、"He **objected** *to* my proposal." で正しいのです。

 ## 他動詞を自動詞で言い換える

こんなうっかりをなくすにはどうすればいいのでしょう？　間違える原因は、ズバリ和訳にあります。日本語訳に「〜に」とか「〜と」など、「〜を」以外の助詞があるから、つい to や with などを入れてしまうのです。だから、頭から日本語を追い出してしまえばいいのです！　でもどうやって？　英語を英語で覚えてしまうのです。**oppose *A* = object *to A*** というふうに「**他動詞＝自動詞＋前置詞**」という形で整理しましょう。名づけて「英英辞典方式」。次にまとめたのは、とくに間違えやすい他動詞、つまり、「うっかり不要な前置詞をつけやすい動詞」を自動詞＋前置詞で言い換えたものです。

discuss *A* = **talk** *about A*　　　attend *A* = **go** *to A*
answer *A* = **reply** *to A*　　　leave *A* = **start** *from A*
enter *A* = **go** *into A*　　　mention *A* = **refer** *to A*
resemble *A* = **look** *like A*　　　reach *A* = **get** *to A*
marry *A* = **get married** *to A*
consider *A* = **think** *about A*
contact *A* = **communicate** *with A*

前置詞を忘れやすい動詞

　先ほどとは逆に、自動詞なのに必要な前置詞を忘れやすいものもあります。「大学を卒業する」は **graduate *from* college** ですが、これも日本語訳の「～を」のせいで from が浮かんでこないのです。「日本語訳が『～を』を含んでいる」＝「他動詞である」と類推してしまうからでしょう。それから、**operate *on* A**「A（人・人の部分）に手術をする」の on、**discriminate *against* A**「A を差別する」の against も忘れる人が多いです。これまた日本語の「～を」が間違いのもとです。

　apologize *to* 〈人〉「〈人〉に謝る」や **propose A *to* B**「A〈もの〉を B〈人〉に提案する」、**explain A *to* B**「A〈もの〉を B〈人〉に説明する」でも、前置詞 to を落としたり、✗ Explain me the answer. のような間違いをしがちです。これは○ Tell me the answer. などと同じだと考える（＝類推する）からでしょう。こういう動詞は、単独で和訳して覚えたりしないで、次のように**名詞と一緒にフレーズとして覚えるといい**でしょう。

> graduate **from** high school 「高校を卒業する」
> operate **on** the patient 「患者に手術をする」
> discriminate **against** women 「女性を差別する」
> Explain the situation **to** me. 「状況を私に説明しなさい」

白か黒かはっきりしないもの

もっとも、「試験ならともかく、実際の会話では、discuss に about をつけたり graduate のあとの from を忘れたりしても、変な意味にとられるおそれはないんだから、そんなに目くじらを立てなくていい」と言う人がいるかもしれません。じつは、あるアメリカ人コンサルタントによると、ネイティブ・スピーカーでも discuss に about をつけることがごくまれにあるらしいのです（特に **discuss** with you **about** **the situation** のように、**discuss** と目的語が離れたときなど）。

discuss の「他動詞性」はどれくらいなのでしょうか。うちのデータベースで検索してみると 38,285 例の discuss のうち、自動詞用法 discuss about は 49 個（約 0.13%）でした。これくらいなら無視して「discuss は他動詞」と言いきってもよいでしょうね。インターネットでも discuss about はわずかに見つかりますが、日本や中国などの、ノンネイティブのサイトが多いです。

一方 graduate については、一部の辞書に、「graduate high school」（つまり他動詞）のような使い方が「略式の米語では広まりつつある」などと書かれています。あるカナダ人コンサルタントに「日本人が from を忘れたら直しますか？」と聞くと「直さない。気づかないかもしれない」と言いました。うちのデータで調べてみると、2,309 例の graduate のうち、"graduate from〈学校〉" が 1,661 例（約 72%）あるのに対し、"graduate〈学校〉" は 648 例（約 28%）でした。また会話が中心となる映画とドラマのデータだけを調べたら "graduate from〈学校〉" が 84 例（約 55%）に対し "graduate〈学校〉" が 69 例（約 45%）もあったのです。

Google Books Ngram Viewer で English Fiction（小説）のデータを見てみましょう。他動詞用法のほうが普通になる日も近いかも。

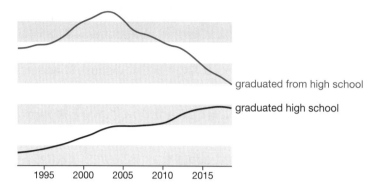

graduated from high school

graduated high school

1995　2000　2005　2010　2015

出典：Google Books Ngram Viewer
https://books.google.com/ngrams/

　このように、自動詞と他動詞が白黒はっきりしないものもあるのです。た
だし、手元の大学入試データ 16 年分に限ると "graduate 〈学校〉" は 1 例
しか見あたりません。入試では、"graduate 〈学校〉" ははっきり間違いとさ
れることが多いようです。先ほどのカナダ人の先生に「文章で graduate ＋
学校と書いても OK ？」と聞くと、「私は気にしないが、私の知り合いの社長
は、resume（履歴書）で graduate のあとの from を抜かすようなやつは
落とすと言ってるよ」という答えが返ってきました。きびしい人もいるんです
ね。

 やっぱり大切な区別もある──人さがしか身体検査か？

　それなら、自動詞・他動詞とか、前置詞なんて気にしなくていいのか、と
いうと、やはりそういうわけにもいきません。というのは、前置詞があるか
ないかで意味がガラッと変わってしまうことがあるからです。
　たとえば、「太郎が行方不明で、みんなが彼をさがしている」というつもり

で "They are searching him." と言ったらとんでもない誤解をされるかも。なぜなら、**"search〈人〉"** と他動詞で使うと、「**（何か隠していないか調べるため）人をボディチェックする**」 注1 という意味になってしまうのです。「**人を捜索する**」なら **"search for〈人〉"** と言う必要があります。

> They are searching him!

propose という動詞にも注意してください。ぼくのアメリカ人の友人の奥さん（日本人ですが、ほとんど bilingual です）がふたりの結婚の話をしているときに、"He proposed me that day." と言うのを聞いて驚いたことがあります。「**A にプロポーズする**」は普通は **propose to A** です。propose〈人〉と言うと「〈人〉を推薦する」という意味になってしまいます。

次のような違いにも注意してください。

他 worry A: A〈人〉を悩ませる　自 **worry about** A: A を心配する

他 succeed A: A〈人〉を継ぐ　自 **succeed in** A: A に成功する

他 attend A: A に出席する　自 **attend to** A: A に注意する、A を世話する

他動詞の目的語が省略されて自動詞になるタイプ

　ひと口に自動詞・他動詞と言っても、じつはその関係にはいくつかの種類があります。普通の文法書ではあまり取り上げられていないことなので、ちょっと見てみましょう。

　まず、「**他動詞の目的語が省略されて自動詞になる**」というタイプ。たとえば、know は意味的には当然、他動詞のはずですが、会話などで I don't know. と言えば、I don't know (the answer to the question you've just asked). の省略です。drink も意味的に考えて他動詞だということはわかりますね。目的語になる〈飲む対象〉がなければできない行為ですから。でも、「今日は飲もうぜ」と言う人に「何を?」とたずねる人はいません。目的語は酒に決まっているので省略されるわけですね。英語でもまったく同じ現象があります。I don't drink. というだけで「私はお酒を飲みません」という意味になります。

　次のようなものもあります。

他 write *a letter* (to〈人〉)	➔	自 write (to〈人〉)「(〈人〉に) 手紙を書く」
他 read *a book*	➔	自 read「読書する」
他 sing *a song*	➔	自 sing「歌う」
他 eat *A*「A を食べる」	➔	自 eat「(何かを) 食べる、食事する」

　このグループの中で大切なのが、「**V + A + 前置詞 + B**」の **A が省略される場合**です。みなさんが「熟語」として丸暗記している表現が多くあります。

他 pay *A* for *B*「A を B の代金として払う」
➔ 自 pay for *B*「B の代金を払う」

⑯ contribute *A* to *B*「A を B に与える」

➡ ⑧ contribute to *B*「B に貢献する」

---

⑯ provide *A* for *B*「A (必要なもの) を B に与える」

➡ ⑧ provide for *B*「B (人) を養う」

さっき見た search と search for も次のように考えればいいのです。

---

⑯ search *A* for *B*「B を求めて A をさぐる」

➡ ⑧ search for *B*「B をさがし求める」(*A* を省略)

➡ ⑯ search *A*「A の中をさぐる」(for *B* を省略)

Police **searched** his car *for* weapons.
「警察は彼の車に武器がないか調べた」

Police **searched** *for* weapons.
「警察は武器をさがした」

Police **searched** his car.
「警察は彼の車の中をさがした」

さっき出てきた propose も、目的語 (O) の省略と考えることができます。

⑯ propose *A* to *B*「A を B に提案する」 ➡ ⑧ propose to B

He proposed ⬚ to me that day.「彼はその日、私にプロポーズした」

↑ここに marriage「結婚」が省略されている！

add to ~「~を増やす」という「熟語」があります。これは、add *A* to *B*「A を B に加える」の A が B に置き換わって省略されて add to *B*「B を増

やす」ができたと考えれば理解できるのではないでしょうか。次の例を見てください。

This project will **add** ☐ **to** the cost.

↑ここに cost が省略されていると考える

「このプロジェクトでコストが増える」

 主語と目的語が一緒になって自動詞の主語になるタイプ

このタイプは、「AとBが〜する」という「相互的行為」を表す動詞によく見られます。他動詞として使うとき、つい不要な with を入れてしまいがちなものに注意しましょう。

他 A marry B「AがBと結婚する」 → 自 A and B marry「AとBが結婚する」
他 A match B「AがBと一致する」 → 自 A and B match「AとBが一致する」
他 A meet B「AがBと会う」 → 自 A and B meet「AとBが会う」
他 A kiss B「AがBにキスする」 → 自 A and B kiss「AとBがキスする」

meet には A meet **with** B という形もありますが、これはアメリカ英語では普通「AとBが（約束して）会合する」という意味に限られます。

もちろん次のような動詞もあります。

A talk **with** B ⟶ A and B talk
「A が B と話す」　　　　　「A と B が話す」

A cooperate **with** B ⟶ A and B cooperate
「A が B と協力する」　　　「A と B が協力する」

他動詞の目的語が自動詞の主語になるタイプ

　他動詞で O となる名詞を主語 (S) に入れると自動詞になるタイプです。日本語では他動詞と自動詞が違う形をしているのに、英語では目的語と主語が交換されるだけのものが多いです。

他 stop *A*「A をとめる」	→ 自 *A* stop「A がとまる」
他 move *A*「A を動かす」	→ 自 *A* move「A が動く」
他 change *A*「A を変える」	→ 自 *A* change「A が変わる」

　「これは絶対に自動詞しかないだろ」と思うようなものでも、このような形で他動詞になることがあります。たとえば、The dog walks.「犬が散歩する」という文で walk は自動詞ですが、He walks the dog.「彼は犬を散歩させる」では他動詞として使われています。「犬を歩かせる」ということですね。

　このタイプの中でも大切なのが、次のパターンです。次の関係をとらえることが、いわゆる「熟語」を理解するのに役立ちます。

> **V + *A* + 前置詞 + *B***
> ↓
> ***A* + V + 前置詞 + *B***

　他 adapt *A* to *B*「A を B に適応させる」
　自 *A* adapt to *B*「A が B に適応する」

　他 apply *A* to *B*「A を B にあてはめる」
　自 *A* apply to *B*「A が B にあてはまる」

他 engage *A* in *B* 「A を B に従事させる」

自 *A* engage in *B* 「A が B に従事する」

他 derive *A* from *B* 「A を B から引き出す」

自 *A* derive from *B* 「A が B に由来する」

A adapt to *B* 「A が B に適応する」は、*A* adapt **oneself** to *B* 「A が自分を B に適応させる」の oneself が省略されたものと考えることもできます。

 自動詞が使役の意味の他動詞に

最後にもう１つ、自動詞が「～することによって…させる」という意味で他動詞に変わる珍しい例があります。

He **talked** his father **into** buying a new bicycle.
「彼はお父さんを説得して、新しい自転車を買わせた」

talk *A* into Ving という形では、「話すことによって A に V させる」つまり「A を説得して V させる」という意味を表します。talk は普通は自動詞ですが、この表現では talk は他動詞です。なぜ他動詞に変わるのでしょう？「熟語だから」で片づけてもいいでしょうが。

一般に動作を表す動詞では、前置詞なしで直接に目的語を取る他動詞用法のほうが自動詞用法よりも**目的語に直接影響や作用がおよぶ行為**を表す傾向があります。たとえば自動詞用法 I shot at him.「彼をねらって撃った」では彼に命中したかどうか不明ですが、他動詞用法 I shot him. だと弾が当たり彼が負傷したという意味が含まれます。

talk about A や talk to A の場合、A への影響はあまり感じられませんが、talk A into Ving では talk の影響で A の気が変わるので、talk を他動詞として使うほうがしっくりくるのでしょう。言い換えるとこの talk は他動詞である persuade「～を説得する」の意味になっているのです。

ついでに次の例はどうでしょう？

1) I **looked at** her eyes.
2) I **looked** her **in** the eye(s).

1) は単に彼女の目を見たという意味で、look は自動詞です。いっぽう 2)「私は彼女の目をまっすぐ見た」では look は他動詞です。これは単に相手の目を見るという意味ではなく、自分の正直さや真剣さを訴えたり、相手が誠実かどうかを確かめるときなどに、相手（目的語）に直接働きかける行為なので、他動詞がふさわしいのでしょう。

一途な他動詞

今まで見てきたように、動詞は自・他両方の使い方を持つものが多いですね。でも中には「絶対に自動詞」とか「他動詞ひとすじ」というものもあります。たとえば enjoy は必ず目的語を必要とします。「パーティで大いに楽しんだ」を At the party I enjoyed very much. などとしてはダメで、I **enjoyed the party** very much. が正解。でも、漠然と「楽しむ」と言いたいときはどうでしょう？　そういう場合でも **enjoy oneself** という形にするのです。

でもたった１つ、例外があるのをご存じですか？　それはこういう使い方です（のせてない辞書もありますが）。

Enjoy! 「楽しく過ごしてね」

Enjoy yourself! と言ってもほぼ同じなのですが、会話では自動詞みたいに Enjoy! だけでよく使われます。これは一種の会話表現です。Oxford 英語辞典によるとイディッシュ語（ユダヤ人が使うドイツ語系の言語）の影響で生まれた特殊な用法だそうです。これから出かける人にあいさつとして言ったり、飲食物を人にすすめながら「さあ、召し上がれ！」という感じで言ったりします。これ以外では enjoy にはしっかり目的語をつけたほうがよさそうです。

注1　「ボディチェック」は和製英語です。英語では body scan [body search, pat down] と言います。body check と言うと、医学的な検査や、アイスホッケーなどで体当たりで敵をブロックすることという意味になってしまいます（この check は「阻止」の意味）。

考えてみよう!

A I'll walk you home. はどんな意味になるでしょう? 辞書を引かずに自分で考えてみてください。

B (a) ～ (c) にあてはまる適切な語を答えてください。

The sentence "Jimmy is the one Ronald wants to succeed." is an instance of ambiguity, as it can mean either (a) is to succeed (b), or (c) is to be successful.

ambiguity「あいまいさ」

C 「きみの成功を聞いてうれしい」を英語で表してください。

D She sang her baby to sleep. はどんな意味でしょう。

解答・解説

A [正解] きみを家まで歩いて送るよ。

この walk は他動詞で、**walk 〈人〉＋〈場所の副詞句〉**で「**〈人〉を〈場所〉まで歩いて送る**」の意味です。

B これは、神戸大学の入試問題です。これを解くには、関係代名詞節と自動詞・他動詞に対するしっかりした理解が必要です。まず、この文のしくみを考えましょう。わかりやすくするために whom を補ってみます。

Jimmy is the one (**whom** Ronald wants to succeed).

さて、関係代名詞の節には文の要素が１つ欠けているはずですね。これはどこが欠けているのでしょう？　succeed の意味がカギになります。

もし **succeed** が「**成功する**」なら、それは**自動詞**なので succeed の後ろには目的語は欠けていないことになります。とすると、want の O が欠けていると考えるしかありません。つまり、この文のしくみは次のようになります。wants の O が whom になっています。

Jimmy is the one (**whom** Ronald wants O to succeed).

whom = one = Jimmy なので、O に Jimmy を入れると、関係代名詞節になる前の「もとの文」ができます。

Ronald wants **Jimmy** to succeed.
「Ronald は Jimmy に成功してほしいと思っている」

でも、succeed には別の意味があります。「**〜のあとを継ぐ**」という他動詞です。もしこの意味だとすると、succeed のあとに O が欠けていることになります。この O が whom になったわけです。

Jimmy is the one (**whom** Ronald wants to succeed O).

これを「もとの文」に戻すと次のようになります。

194

Ronald wants to succeed **Jimmy**.

「Ronald は Jimmy のあとを継ぎたいと思っている」

したがって正解は、**(a) Ronald**、**(b) Jimmy**、**(c) Jimmy** です。

[全文訳]

"Jimmy is the one Ronald wants to succeed." はあいまいさの一例だ。なぜなら (a = Ronald) が (b = Jimmy) を継ぐという意味か、あるいは (c = Jimmy) が成功するという意味かのどちらにもなりうるからである。

[解答例] I am happy to hear **about [of]** your success.

あるいは I am happy to hear (that) you succeeded.

直訳して I am happy to hear your success. とすると不自然です。たしかに hear は他動詞として使えますが、それは目的語に直接耳で聞けるものが来る場合です。**「あるものに関する情報」を聞くときは about（あるいは of）とともに自動詞として使います。** hear と about の間に the news とか the information が省略されている感じです。日本人はよくこの about [of] を抜かしてしまいます。次のような意味の違いに注意しましょう。

```
┌ I heard you. 「きみの言うことは聞こえた」
└ I heard about you. 「きみについて（うわさを）聞いた」

┌ I heard the accident. 「事故の音を（直接）聞いた」
└ I heard about the accident. 「事故について（知らせを）聞いた」
```

[正解] 彼女は歌を歌って赤ちゃんを寝かしつけた。

sing は歌を目的語にとる他動詞、その目的語を省略した自動詞、sing〈人〉＋〈歌〉という SVOO の形があります。しかしそれに加え **sing〈人〉to sleep** という形では**「歌って〈人〉を寝かしつける」**（sing and make〈人〉go to sleep）という**使役的意味の他動詞**になります (→ p. 198)。put〈人〉to sleep「〈人〉を寝かしつける」の put を sing で置き換えたものと考えられます。sing による影響が赤ちゃんに直接およぶわけですね (→ p. 190)。他にも rock a baby to sleep「ゆすって寝かせる」、read a baby to sleep「本を読んで寝かしつける」などの似た表現があります。cry oneself to sleep「（泣いて自分を寝かしつける→）泣いているうちに眠る」というおもしろい表現もあります。

10

自動詞と他動詞の違いが見える！

195

make / let / have の
違いが見える！

— エネルギーの移動をつかめ！ —

今回は、「～させる」という意味の表現を考えてみましょう。日本語の「～させる」は意味が広いので、これを英語で適切に表すには、make、let、have などを状況に応じて使い分ける必要があります。make は「強制」、let は「許可」などと言う人もいますが、どうでしょうか？

 make は "エネルギーを加える"

まず、make と let の根本的な意味を考えましょう。次の make の用法すべてに共通していることは何でしょう？

1) Anne **made** a cake.
「アンはケーキを作った」

2) Anne **made** my life complete.
「アンはぼくの人生を完全なものにした」

3) Anne **made** me laugh with her jokes.
「アンはジョークでぼくを笑わせた」

おわかりでしょうか？　どの場合でも、**make を使う文では、主語 (S) から目的語 (O) に対して何かの「エネルギー (作用・影響・力など)」が加えられている**のです。

1) では、S (Anne) のエネルギーによってはじめて、O (cake) というものが生じたのです。Anne がいなかったらこのケーキはできなかったはずです。

2) では、Anne の影響によって、O ＋補語 (C) (「私の人生が完全」) という事態が生み出されたのです。Anne がいなかったら、「ぼく」の人生は完全なものにはならなかったのです。

3) の「させる」の意味の make も同じことです。Anne の働きかけ (＝

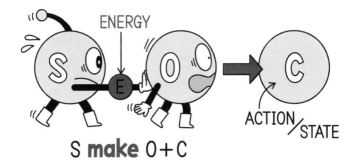

S **make** O+C

ジョークを言うこと）があってはじめて、「ぼく」が笑ったのです。Anne がいなかったら「ぼく」は笑わなかったでしょう。

　これらの例からわかることは、**make の主語が「ものや事態を生み出すエネルギーの源」**になっているということです。**ものや事態を生み出す「原因」**と言ってもいいでしょう。「（意志に反した）強制」というのは、make の広い意味の一部にすぎません。

　あるとき、英作文で「（ジョークで）人を笑わせる」を *let* someone laugh と書いてきた学生がいたので、ぼくは make に直しました。すると彼は、「make だと強制するという意味になるからよくないのでは?」と反論しました。このことからも「make は強制」という教え方が根強いことがわかります。でも、**主語が働きかけて**人を笑わせるのだから make でいいのです。ジョークを言う人がいなかったら someone は笑いませんね。

 「意思を通じさせる」は make oneself understood でいいの?

「ハワイでは日本語が通じる」はどう言いますか?

> **4)** In Hawaii you can make yourself understood in Japanese.

英作文の授業でこういう問題をやってもらうと、必ずこのような英文を書く人が出てきます。一見文法的には正しく見えますが、この文を言ったのが日本人だとしたら、ちょっと変なのです。

　じつは、**make oneself understood in ～** は単に「～（言語）で考えを伝える」という意味ではありません。「**主語（人）が努力して（＝エネルギーを使って）自分の考え（oneself）を理解させるのに成功する**」という意味なのです。だから、**in ～ には、この人にとっての外国語がくるのが普通**です。日本人が、日本語ペラペラのハワイの人と話すような状況にはふさわしくないのです。日本人には何の努力も必要ないからです。I managed to make myself understood *in my poor French.*「へたなフランス語で何とか意思を伝えた」なんていうのが、make の意味が生かされた自然な使い方です。さっきの状況なら、

　In Hawaii you can communicate in Japanese.

　Many people in Hawaii understand Japanese.
などがいいでしょう。

　同じように補語に過去分詞を使う表現 make oneself heard も単に「自分の言うことを聞いてもらう」という意味ではありません。騒がしい場所などで主語（人）が声をはりあげたり叫んだりして（つまり、かなりエネル

ギーを使って）なんとか言いたいことを聞き取ってもらうという意味です。

> **5)** She had to shout to **make herself heard** over the loud music.
> 「彼女はうるさい音楽に負けずに声を聴いてもらうため叫ばねばならなかった」

 let は"行為や事態を放置する"

次に let を使う文を見てみましょう。共通することは何でしょう？

> **6)** Anne *let* out a sigh of relief.
> 「アンはほっとしてため息をついた」
>
> **7)** Anne *let* her son play.
> 「アンは息子を遊ばせた」
>
> **8)** Anne *let* the ball fall.
> 「アンは（手を離して）ボールを落とした」
>
> **9)** *Let* me go!
> 「離して！」
>
> **10)** They *let* the child die of starvation.
> 「彼らはその子を飢え死にさせた」

let の文では、S は O にまったく働きかけを行いません。言い換えると、**エネルギーを与えないのです。** let の文の **O** はもとからエネルギー（意志・原因など）を持っています。

Anne がわざわざエネルギーを使わなくても、ため息は勝手に出るし、Anne がいなくても息子は勝手に遊びます。Anne がエネルギーを加えてやらなくても、ボールは重力で勝手に落ちます。Let me go! の me は逃げた

201

いのです。10) の子どもはすでに飢えています。

つまり S は、**変化しようとする O を放置するだけ**なのです。よく言われる「許可」というのは「放置」の意味のほんの一部にすぎません。

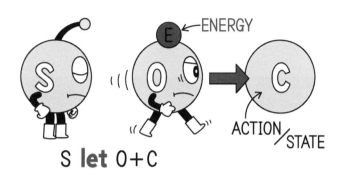

$$S \ \textbf{let} \ O + C$$

🔍 文脈しだいの have

さて、have はちょっと多彩です。「させる」の have の表す意味は、文脈によって make 的であったり let 的であったりします。**主語からのエネルギーが加えられるかどうかは定まっていない**のです。

11) I *had* **a mechanic check** the brakes.
「修理屋にブレーキを見てもらった」

まず、このように、**プロの人に注文・依頼して何か仕事をしてもらう（させる）場合**に have をよく用います。

12) Shall I *have* **him call** back?
「彼に電話をかけさせましょうか?」

これは Shall I *tell* him to call back? に近いです。人に指示したり命令したりして何かさせるという意味です。指示で人を動かすということは、**主語がそれなりの権力・資格などを持っている**ということを意味します。だから、**have は目下の者に対し使うことが多い**ようです。

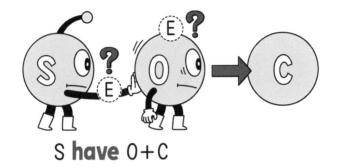

S **have** O+C

以上がまず身につけたい基本的用法。以下は発展です。

13) They ***would have*** **you believe** the story.
「彼らはその話をきみに信じさせようとしている」

この have は persuade「説得する」に近いのです。主語が目的語に働きかけるという点で make 的ですね。普通は would、will を伴います。

14) I ***won't have*** **you talking [talk]** to me like that.
「おれに向かってそんな口はきかせないぞ」

これは let に近い、「放置する、許容する」の意味です。won't や can't とともに使うのが普通です。この意味ではよく Ving 形を使います。

get は主語が"苦労して〜させる"

get にも使役的な用法があります。

15) You'll never **get** him to understand you.
「彼に理解してもらうのは無理だ」

16) He couldn't **get** the car to start.
「彼は車のエンジンをかけられなかった」

get〈人〉to V も persuade〈人〉to V に近く、「**頼んで・説得して〜させ る・してもらう**」という意味が普通です。get の場合、主語が「苦労して〜さ せる」というニュアンスを伴うことが多いようです。その証拠に can't、 never などの否定表現や try to を伴うことが多いです。

最後にもう1つ。have＋O＋V（原形）が「〜させる」を意味する場合、 **主語も目的語も原則として〈人〉**だということに注意してください。get＋ O＋Vの主語にも〈人〉が来ます。make や let にはこの制限はありません。

考えてみよう！

次の文はそれぞれどのような状況を指しているでしょう。

1) Charlie made Sally cry.
2) Charlie let Sally cry.

解答・解説

1) make を使った文なので、Charlie のエネルギーが Sally に加えられて彼女が泣いたことを意味しています。Charlie がいなければ Sally は泣かなかったのです。Charlie は Sally に何かひどいことを言ったかしたのでしょう。

2) let が使われているので、Charlie のエネルギーは Sally に加えられていません。泣くためのエネルギーははじめから Sally にあったのです。何か悲しいことがあって泣いている Sally に Charlie は「泣くな！」とか言わないで、泣きたいだけ泣かせてあげたのです。

make、let とともに使われる動詞

　make と let が「make / let ＋〈人〉＋ 動詞の原形」のパターンをとるとき、〈人〉の後ろの動詞にはどんなものが多く来るのでしょうか。映画やドラマの英語について調べてみました（いずれも 30,000 例中の数）。

【データリサーチ 7】make ＋〈人〉のあとにくる動詞ランキング

1	feel	3,263
2	think	2,084
3	look	912
4	do	580
5	laugh	493
6	want	475
7	go	343
8	wonder	332

　感覚・思考など、精神活動にかかわる動詞が多いですね。3 位の look は「〜に見える」の意味のものがほとんどすべてです。

【データリサーチ 8】let ＋〈人〉のあとにくる動詞ランキング

1	go	2,941
2	know	2,909
3	get	1,666
4	ask	1,634
5	tell	1,446
6	see	1,046
7	do	662
8	take	578

この数字には let's ＋ V「V しましょう」タイプの文は含まれていません。2 位の know は let 〈人〉 know「〈人〉に知らせてあげる・教える」のパターンです。

1) Please *let* me **know** your new address soon.
「すぐに新しい住所を教えてください」

「この表現になぜ make でなく let を使うのか理解できません」という質問をした人がいました。たしかに、何かを人に知らせるというのは、202 ページで説明した「何もしないで放置する」という、消極的な let のイメージとは、少しずれていますね（ちなみにフランス語では、「知らせる」の意味を表すとき、英語の make に近い意味の動詞 faire を使います）。

でも、次のように考えてはどうでしょう。A let B know C では、普通は B（人）は C（情報）を欲しいと思っています。A はその B に C を隠さず教える、つまり B が C という情報にアクセスすることを許すわけですから、let が使われるのではないでしょうか。make を know とともに使うこともまれにありますが、単に「知らせる」という意味では使いません。例をあげておきましょう。

2) What *makes* you **know** so much about me? We haven't known each other that long.
「どうしてそんなに私のことをよく知っているの？　知り合ってからそんなに長くないのに」

3) I'll *make* you **know** who the better one is.
「どっちが強いかわからせてやる」

「ウロボロス構文」の
しくみが見える！

— ニワトリが食うのか？ 食われるのか？ —

まだぼくが英語学科の学生だったころ、スーパーで買い物をしていて、ふとパイナップルに目がとまりました。甘い香りに誘われて手に取ってみると、よく熟したそのパイナップルには緑色のラベルがはってあり、READY TO EATと書かれていました。ぼくはそれを見てはっとしました。

今回は、形容詞と to 不定詞を使う文についてお話ししましょう。

形容詞と不定詞が結びつくときは、2つの重要なパターンがあります。見かけはどちらも**A＋be動詞＋形容詞＋to V**という形ですが、**A（主語）とto V の意味的関係**が違います。

🔍 "able" タイプ

まずは、「able タイプ」です。

(S)   (V)
Bats are **able** *to catch* insects in the darkness.
「コウモリは暗闇で虫をつかまえることができる」

Bats は、この**文全体の主語**であるとともに、to catch の**意味上の主語 (S)** でもあります。つまり、「コウモリが＋つかまえる」という関係があります。このタイプの文を作る形容詞を、ぼくは授業で「**able タイプ**」と呼んでいます。このグループの形容詞で、たぶん最初に習うのが able だからです。

このタイプに入る、おもな形容詞の構文は次のようなものです。

A be **likely** to V 「A は V する可能性が高い」

A be **apt** to V 「A は V しがちだ」

A be **liable** to V 「A は V しがちだ」

A be **certain** to V 「A はきっと V する」

A be **sure** to V「A はきっと V する」

A be **bound** to V「A はきっと V する」

A be **willing** to V「A はすすんで V する」

A be **reluctant** to V「A はしぶしぶ V する」

A be **eager** to V「A は熱心に V したがる」

　この仲間の形容詞には、共通する意味的特徴があるようです。次の例を見てください。

He **is able to** speak French.
　cf. He **can** speak French

He **is willing** to help me
　cf. He **will** help me.

The story **is likely to** be true.
　cf. The story **may** be true.

　こうして見ると、このタイプの形容詞は、「**可能、意志、推量**」などの意味を持ち、**〈be ＋ 形容詞 ＋ to〉で 1 つの助動詞のような働き**をしていることがわかります。またここで使われている to V は未来指向なものが多いですね (→ p. 160)。

次に、「easy タイプ」です。

> (O)   (V)
> *This book* is **easy** *to read* ∅. 「この本は読むのがやさしい」

この文でまず注目してほしいのが、read のあとに**あるべき目的語が見当たらない**ということです。read の後ろが空きになっているのです（∅で示しました）。This book はこの**文全体の主語**であるとともに、to read の**意味上の目的語**になっています。つまり、「本を＋読む」という「O V 関係」になっています。it の構文と対応させるとわかりやすいです。

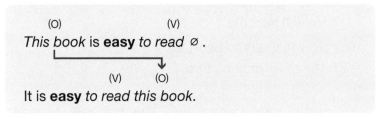

次のように、動詞ではなく前置詞の目的語 (→ p. 266) が空きになっていることもあります。

> (O)   (V)
> *This music* is **pleasant** *to listen to* ∅ .
>
> It is **pleasant** *to listen to this music.*
>   (V)   (O)
> 「この音楽は聴くのが楽しい」

この構文をとる形容詞には、次のようなものがあります。

easy, simple「簡単だ」　hard, difficult, tough「むずかしい」
dangerous「危険だ」　safe「安全だ」　impossible「不可能だ」
pleasant「楽しい」　unpleasant「楽しくない」
comfortable「心地よい」　interesting「興味深い」　fun「楽しい」
painful「痛みを与える」　good「適した」　bad「適さない」
convenient「便利だ」　important「重要だ」

ご覧のように、「難・易、快・不快、適・不適」などの意味を持つ形容詞です。funは形容詞だけでなく名詞として This book is great fun to read.「この本は読むのがすごく楽しい」のような文を作れます。

このような文は、英語学の世界ではなぜか「**tough 構文**」と呼ばれますが、ぼくは「easy タイプ」とか「easy 構文」と呼んでいます。「むずかしい構文」より「やさしい構文」のほうが、やる気が出るのではないでしょうか。この構文で使われる頻度も、tough は easy や hard などよりはるかにまれです。

形式主語 it の文 It is easy to read this book. が「この本を読む」という行為の特徴・性質を述べているのに対し、tough 構文 This book is easy to read. は this book を主語・主題にしているので**本の特徴・性質に重点が置かれた**表現となります。

同じく「ＯＶ関係」を含むものに This bag is heavy [light] to carry.「このかばんは運ぶには重い [軽い]」のような文があります。一見 tough 構文に似ているので「easy タイプ」に入れてもいいのですが、× It is heavy [light] to carry this bag.「このかばんを運ぶことは重い」とは言えないところがちょっと違います。This bag is heavy to carry. のような it の構文がダメなものは「**pretty 構文**」と呼ぶことがあります。She is pretty to look at.「彼女は見かけがきれいだ」のような文から来た名前です。

さて、最初の話に戻ります。そのパイナップルのラベルを見たとき、ぼくははじめて「そうか、ready は easy タイプと able タイプの両刀使いなんだ！」と気づいたのです。

ready
① *A* be **ready** to V「A が V する用意ができている」
　[例] We are **ready** to leave.
　　　「私たちは出発する用意ができている」
② *A* be **ready** to V ∅「A を V する用意ができている」
　[例] This pineapple is **ready** to eat.
　　　「このパイナップルは食べごろだ」

①は、*A* be willing to V や *A* be about to V に似た構造ですね。うちのデータでは、9割以上が①です。一方②は、easy や good などと同じ「OV 構造」だと言えます（ただし It is ready to eat this pineapple. とは言えません）。②のタイプで to のあとに来る動詞は eat、drink、use などが多いです。

じつは、be ready to 以外にも「両刀使い」の場合があるのです。

　(S)　　　　　　　　　　　(V)
1) *He* is **old enough** *to go* to school.

(O)   (V)

2) *This bag* is **cheap enough** *to buy* ⌀ .

(S)   (V)

3) *He* is too **young** *to watch* the movie.

(O)   (V)

4) *This bag* is too **big** *to carry* ⌀ .

1) と 3) は able タイプの構文です。2) と 4) は easy タイプの構文です。これらの形容詞は、単独では able タイプでも easy タイプでもありません。This bag is cheap to buy. や This bag is big to carry. だと誤りなのに、なぜ enough や too がつくと easy タイプ構文が可能になるのでしょう?

それは、cheap enough to buy には「買うのに十分安い＝買うのが容易 (easy)・買うのに適している (good)」という意味が含まれ、逆に too big to carry は、「運ぶのがむずかしい (difficult)・不可能だ (impossible)」という意味が含まれるからでしょう。

さて、英語には「tough 構文」以外にも、文の主語が動名詞の意味上の目的語の働きをする構文がいくつかあります。

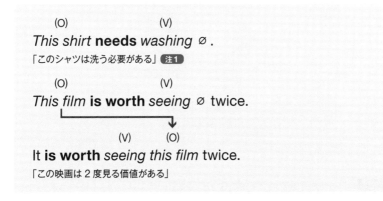

(O)   (V)

This shirt **needs** *washing* ⌀ .

「このシャツは洗う必要がある」 **注1**

(O)   (V)

This film **is worth** *seeing* ⌀ twice.

(V)   (O)

It **is worth** *seeing this film* twice.

「この映画は2度見る価値がある」

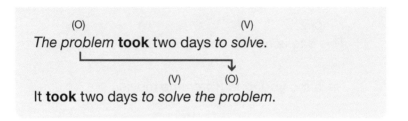

The problem **took** two days *to solve.*

It **took** two days *to solve the problem.*

　これらの構文を全部ひっくるめた名前があると便利かもしれません。「OV構文」でもいいでしょうが、あまりおもしろくありません。そこで考えた結果、思いついたのが「**ウロボロス構文**」。ギリシャの神話に出てくる、自分のしっぽをかんでいるヘビ（あるいはドラゴン）です。食べるもの（目的語）がないので、くるっと回って自分のしっぽをかんで満たされるというイメージです。どうでしょうか？

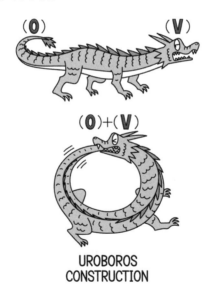

UROBOROS
CONSTRUCTION

注 1 アメリカ英語では needs **to be washed** のほうがよく使われます。

216

考えてみよう！

A 次の（　　）にあてはまる英文を選んでください。

The same phrase or sentence as well as individual words can have different meanings depending on what comes before and after. "The chicken is ready to eat." could mean that it's dinner time for a family or that (　　).

① the chicken has got nothing to eat
② the chicken is hungry for its meal
③ the chicken prepares to be eaten

B 次の文はどんな意味ですか。

Hope is a terrible thing to lose.

C 次の文は有名なジャズの曲のタイトルです。どんな意味でしょう。

You'd be so nice to come home to.

解答・解説

A [正解] ②

[全訳] 個々の単語と同じく語句や文も、前後の文脈によっていくつかの違う意味を持つことがある。"The chicken is ready to eat." という文は、**家族のディナーの時間**だということか、あるいは（　　　）ということを意味する可能性がある。

① そのニワトリは何も食べるものがない
② そのニワトリはえさに飢えている
③ そのニワトリは食べられる準備をする

この文には2つの構造がありえます。

1) だと「**ニワトリが（えさを）食べる用意ができている**」ですから、ニワトリはおなかが減っていることになります。この eat は自動詞です。

2) なら「**チキンを食べる準備ができている**」ですから、チキンの料理が出来上がっていて、It's dinner time for a family. ということになります。

どちらの構文になるかは、ニワトリにとっては「食うか食われるか」の大問題ですね。

さっきお話ししたように、ready という形容詞は「両刀使い」です。といっても、easy タイプで用いることは able タイプよりずっとずっと少ないです。映画 4,000 本、ドラマ 4,000 本のデータに出現した 6,797 例の ready to V を調べてみましたが、easy タイプとして使われていたのは 18 例で、あとはすべて

able タイプとして使われていました。28 年間の大学入試のデータでは、982
例の ready to V のうち、easy タイプは 12 例で、うち 8 例が ready to eat
でした。

B [解答例]「希望を失うのはひどいことだ」

この文はアメリカの作家 Neal Shusterman の *Tesla's Attic* にあることばで
す。一見、奇妙な文ですね。Hope is a terrible thing まで読むとまるで希望が
悪いことのように見えますが、そういう意味ではありません。ひどい [おそろし
い] のは希望ではなく、「希望を失うこと」です。これは tough 構文ではありま
せんが、文全体の意味は tough 構文に似ています。It is a terrible thing to
lose hope. の hope を主題化して文頭に出したようなものとみなせるので上の
ように訳してみました。これを元に戻すと次のようになります。

> (O)   (V)
> *Hope* is a terrible thing *to lose*.
>
> It is a terrible thing *to lose hope*.

C [解答例] ① あなたが待つ家に帰って来れたら幸せだろうな。
          ② あなたが待っていてくれたら、うちに帰るのが楽しいだろう。

有名なジャズのナンバーですから、ご存じだったかもしれません。ジャズ好きで
英語にもかなりうるさい大橋巨泉という人が、このタイトルを「帰ってくれたら
うれしいわ」と訳したらしいのですが、誤訳です。「(あなたが) 帰って来てくれ
たらうれしい」と解釈したということは、この文を、次のように able タイプの文
と考えているということになります。

> (S)   (V)
> *You*'d be so nice *to come home to*.

でもそうだとしたら、文の最後にある to はなんのためにあるでしょう？　じつは
この文は、easy タイプ (tough 構文) のしくみを持っているのです。

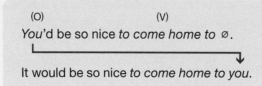

(O)   (V)

You'd be so nice *to come home to* ∅.

It would be so nice *to come home to you*.

つまり、「(私が) あなたのもとに帰宅したらとてもすてきだろう」という意味です（仮定法 would があるので仮定的な意味になります）。ちょっといい口説き文句という感じなのですが、誤訳した人はこの構造がまったく理解できていなかったのです。

You'd be so nice to come home. だったら、どんな意味になるでしょう？
その場合は (S) − (V) の構造になります。ただし、この不定詞は be able to V のようなタイプではありません。次のような文の to V（判断の理由を表す副詞的用法）と同じものになります。

> You were very kind **to help me**.
> 「私を助けてくれるなんて、あなたは親切でした」

You'd be so nice to come home. は「家に帰って来てくれたら、あなたは親切だろう」が直訳で、「**帰って来てくれたら、いい人なのに**」と帰宅を求める感じになります。ちっぽけな to があるかないかで、意味がまるっきり変わってしまうわけですね。

Lecture

13

比較表現のロジック
が見える！

— Never better は元気？ 病気？ —

Awakenings『レナードの朝』という映画に、医師のセイヤー (Dr. Sayer) が長い昏睡から目覚めた患者レナード (Leonard) に声をかけるシーンがあります。

> *Dr. Sayer*: How are you?
> *Leonard*: **Never better.**

　この Never better. とはどういう意味でしょう？　Leonard は気分がいいのでしょうか、それとも悪いのでしょうか？　ここでは比較級の better が使われています。この表現の意味をとらえるには、まず「比較」とは何なのかを考えなければなりません。今回は、比較のしくみについて見ていきましょう。

 比較の 3 要素

　「比べる」という行為が成り立つためには、絶対必要なものが 3 つあります。

① 何が（＝比較の主題）
② 何と比べて（＝比較の対象）
③ どんな点で（＝比較の尺度）

　この 3 つを「比較の 3 要素」と名づけましょう。
　比較の文は 2 つの文を合成して作られると考えられます。
　たとえば、Freddy is older than Brian is. という文を考えてみましょう。この文の比較の主題は Freddy、対象は Brian、尺度は old（年齢）です。今、Freddy が 45、Brian が 44 だとすると、この文は次のようにして

生まれます。

> Freddy is 45 years old.　　　＋　　　Brian is 44 years old.
> ＝ Freddy is　　　　　　**older than**　Brian is ~~old~~.

　２つの文を合成するとき、ルールが１つあります。「**比較の尺度は繰り返さない**」というものです。だから、than のあとの尺度 old は必ず消されます（Brian is の is はあってもなくても OK です）。

　さて、さっきの映画のせりふに戻ります。この対話に出てくる Never better. には、比較の３要素のうち、better が表す尺度（＝気分のよさ）しかありません。他の２つは省略されているのです。そこで主題と対象を補うと、こうなります。

I have never been better *than I am now*.

　つまり、主題は「これまでの自分」、対象は「今の自分」なのです。直訳すると「今の私の気分より、気分がよかったことは一度もない」ですが、要するに言いたいのは「今の気分が最高」ということなのです。

　ビジュアル化してみましょう。

　これとよく似たロジックを含む表現をもう1つ。

　ぼくは大学時代、NHKラジオ英会話の講師をされていた東後勝明先生（当時は早稲田大学教授）のファンでした。先生は番組の最初に、よくHow are you? に答えて、Couldn't be better! とおっしゃいました。これはどういう意味でしょう?

　まさか「もう元気にはなれないよ、絶望だ」という意味じゃないですよね。省略を補ってみると、I couldn't be better than I am now. となります。このcould は仮定法です。仮定法というのは想像の世界のことを描く形ですね。主題は「想像の世界の私」、対象は「今の私」、尺度は「気分のよさ」です。だからこの文の意味は、「今の自分より気分がいいなんてことは想像の世界の私ですらありえない」、つまりこれも「この上なく元気だ＝今日は最高!」の意味なのです。

というわけで、比較が仮定法とからむとややこしくて、うっかりすると逆の意味にとってしまうおそれもあります。

　もう1つ考えましょう。あなたが意見を言ったら、聞いていた相手がI couldn't agree more! と言いました。この人は「おまえの話にはもうついていけない！」と怒っているのでしょうか？

　とんでもない。この文は省略を補うと、I couldn't agree more than I agree now. つまり「今私が同意している程度よりもっと同意するなんて、想像すらできないよ」となります。もし今の同意の程度が90% なら、もっと多く同意できますね。それができないということは、今すでに100% 同意しているわけです。

　つまり、I couldn't agree more! はI agree 100 percent! の意味だったのです。ビジュアル化してお目にかけましょう。

比較がからんださらにややこしい表現に、I couldn't care less. があります。Queen の名曲 *Killer Queen* の歌詞にも登場します。締めくくりにこれを攻略しましょう。

　省略を補うと、I couldn't care less *than I care now.* 「今私が気にしている程度より少なく気にするなんてありえない」です。ここで「気になる度」を 0 ～ 100 の数で表すものとしましょう。たとえば、もし今「気になる度」が 3 なら、それより下の 2 や 1 がありえますね。ところが、I couldn't care less. では「それより下がありえない」というのだから、「気になる度」は＝ 0、つまり「ぜ～んぜん気にしないよ」ということになるわけです。

　ところが奇妙なことに、I couldn't care less. と言うべき状況で、I could care less. と言う人がいるのです。そういえば、ぼくの大好きな映画 *The Mask* 『マスク』の中で、悪役ドリアン (Dorian) が、セクシーなヒロイン、ティナを主役のイプキスもろとも殺そうとするシーンで、ティナがこう言っていました。

> "I **could care less** about this creep. Nobody could
> replace you, Dorian. Nobody!"
> 「こんなやつどうでもいいの。あなたこそかけがえのない人よ、ドリアン、あなたこそ！」

　論理的に考えると、I could care less. は I could care less than I do. つまり「今より気にしないことがありうる」だから、「今はいくらか気にしている」となってしまうはずですが、ティナが言わんとしているのは、あきらかに上の訳のような意味です。ティナはうっかり言い間違えたのでしょうか？

　リサーチしてみてびっくりしました！　アメリカ英語のデータベースCOCA では couldn't care less は 343 例に対し、could care less は504 例もあるのです。論理的に間違った形のほうがずっと多いのです。**注1**

　ネイティブ・スピーカーたちもこの非論理的な言い方は気になるらしく、ネット上ではものすごい量の議論が行われています（それによると couldのほうがよりスラングっぽく、皮肉っぽいらしいです）。could care less をバカが使う表現だと激しく非難する人もいれば、逆にこれを非難するやつは皮肉を解せず知的レベルが低いという人もいます。

　ちなみに日本にだって、「『負けず嫌い』という日本語はけしからん。『負けないことが嫌い＝勝つのが嫌い』という意味になるではないか。『負け嫌い』が正しい！」なんて言う人がいます。そりゃごもっともで。でも、それを言うなら「けしからん」だって変ですよ。「けし」は古語の「怪し」（＝異常だ）、「ん」は否定だから「異常じゃない＝正常」という意味になるじゃないですか。

　広辞苑（第五版）では「負け嫌い」のほうが正式にエントリーされ、「負けず嫌い」をひくと「→「負け嫌い」に同じ」と書かれています。でも、ネットで調べると、「負け嫌い」11,000 件に対して「負けず嫌い」は 976 万件。「非論理」が「論理」を圧倒しているのです。

　ぼくも言語を文法とか論理という「メタ言語」で考えるのは大好きです。

でも、言語は論理の奴隷ではありません。言葉は、ときにはロジックを超越して進化していくワイルドな「生き物」なのですから。

英文法がわからなくてイライラしたら、あなたもこうつぶやいてみては？

> I could care less about English grammar!

.

注1 Google Books Ngram Viewer でこれらの表現のアメリカ英語での頻度を調べました。書籍のデータでは couldn't... のほうが多いようです。OED などによると、could care less はアメリカで 1960 年ごろ生まれたらしいですが、このグラフもそれを裏づけています。やはりアメリカ英語に多いようです。

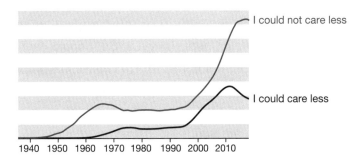

出典：Google Books Ngram Viewer
https://books.google.com/ngrams/

考えてみよう!

Ⓐ ドラマ *Sex and the City* で、女性が向こうにいる男性を見て、そばの友人に "Could he be any cuter?" と言いました。どんな男性だったのでしょう? 省略を補って考えてください。

Ⓑ 次の文の意味としてもっとも適切なものを、下から選んでください。

I couldn't have been more wrong.
① I couldn't believe that it was wrong.
② I was far from being wrong.
③ I was totally wrong.
④ I was not so wrong.

Ⓒ 次の文の下線部の意味を日本語で表してください。

In comparing Japanese and Americans it is easy to exaggerate the differences. <u>Some journalists would have us believe that no two peoples are less alike.</u>

解答・解説

Ⓐ 補うと、Could he be any cuter *than he is now*? となります。これは「あれ以上いい男になれるかしら?」という修辞疑問で、つまり「あの人、最高にいい男ね」という意味です。

Ⓑ [正解] ③

神戸大学の入試に出た問題です。I couldn't have been more wrong. は仮定法過去完了を使っているので、省略を補って考えると I couldn't have been more wrong *than I was then.*「(あのとき) 私が間違っていた程度よりも間違えることなんてありえなかっただろう」つまり「私はこの上なく間違っていた」となります。したがって③「私は完全に間違っていた」が正解。

Ⓒ [訳例] 日本人とアメリカ人を比較するときには、違いが誇張されがちである。<u>ジャーナリストの中には、日本人とアメリカ人ほど違う2つの民族は存在しないと、私たちに信じさせようとするものがいる。</u>

no two peoples are less alike は、後ろに than Japanese and Americans (are) を補って考えればいいのです。are のあとには alike「似ている、類似性がある」が省略されていると考えましょう。直訳すると、「日本人とアメリカ人より類似性が少ない2つの民族はない」となります。

Lecture 14

否定のしくみ が見える！

— すべったジョークは最高か？ —

今回は「否定」というお題で、3つの「謎」を考えながら頭の体操をしてみましょう。

第一のミステリー「デカルト蒸発事件」
――否定語の「射程距離」と「ターゲット」

哲学者デカルトをめぐる謎めいたお話です。

Descartes went into his favorite bar. The bartender asked, "Would you like your usual drink, Monsieur Descartes?" Descartes answered, "**I think not.**" and he promptly disappeared.

（デカルトが行きつけのバーに寄った。バーテンがたずねた。「ムッシュ・デカルト、いつものヤツにしますか？」デカルトが "I think not." と答えたとたん、彼の姿はパッと消えてしまった）

これはどういうことでしょう？　デカルトは本当に消えたのでしょうか？

ミステリーを解いてみましょう。デカルトは「我思う、ゆえに我あり」(**I think**, therefore **I am**.) という言葉で有名です。この命題の「裏」が正しければ、思考しなければ人は存在しなくなるはず。この話はそれをちゃかしたジョークだったのです。でもじつを言うと、このジョークにはちょっとおかしいところがあります。デカルトは「私は思考しない」と言ったのではありません。

René Descartes
(1596〜1650)

I think **not**.
Therefore
I am not.

否定語（not、no、never など）を考えるときは、「**射程距離**」（**否定の力が届く範囲**。言語学では「作用域」と呼ばれます）と「**ターゲット**」（**否定される語句**。「否定の焦点」と呼ばれます）をしっかり意識するのがコツです。

SCOPE（射程距離）　TARGET

　たとえば、**not の射程距離は普通、not からその文（節）の終わりまでで**す。be 動詞や助動詞のあとに not があるときは、be 動詞や助動詞も否定の範囲に入ることがあります。でも、現代の英語では、**それ以外の動詞のあとに not がある場合には、not は動詞を否定しない**のです。

　"I think **not**." の not の「ターゲット」は think ではありません。これは、I think [that I do **not** want my usual drink]. が省略されてできた文なのです。**この not の「射程距離」は not から drink まで。否定されるターゲットは want my usual drink** です。「[いつものヤツは飲みたくない]と思う」と言っただけだったのです。注1　このように、not は 1 語で否定文（節）の代わりをすることがあります。次も同じ使い方です。

　A: Is Jason dead?「ジェイソンは死んだの?」
　B: **I'm afraid not.**

　B は「こわくないよ」という意味ではありません。I'm afraid [that he is **not** dead.]「（残念ながら）[死んでいない] と思う」を略した言い方なのです。

次の文には 2 つの意味（解釈）があります。

> She did **not** marry him because he was very rich.

1つは「彼女は彼と結婚しなかった。なぜなら彼が大金持ちだったから
だ」です。not の射程距離は not から him までで、ターゲットは marry
him です。ビジュアル化してみましょう。

> She did **not** marry him(,) because he was very rich.

この意味では、because の前にポーズ（休止）が置かれ、文末でイント
ネーションがちょっと下がるのが普通です。ポーズには、否定の範囲がそこ
で終わることを示す働きがあります。

もう1つの解釈は「彼女は［彼が大金持ちだから結婚した］のではない」
で、射程距離は rich まで、ターゲットは because の節です。marry him
は否定されていないことに注意。She married him **not** because he
was rich (**but** because ...) とほぼ同じ意味なのです。つまり彼女は（別
の理由で）彼と結婚したのです。彼と結婚したこと自体は否定されていない
のです。

> She did **not** marry him because he was very rich.

この意味のときはポーズは置かれず、文末でちょっと音程が上がる感じに
なります。「まだ続き（= but because ...）があるよ」という気持ちを伝え

るためです。

　ある男がスピーチでとっておきのジョークを言いましたが、みごとにすべ
りました。スピーチのあと、彼はがっくりしてつぶやきました。

"No joke is better than a failed one."

　「すべったジョークよりいいものはない」って?　彼はマゾヒストなので
しょうか?

　謎を解きましょう。**No** mountain is higher than Mt. Everest. の意
味は?　「エベレストより高い山はない」ですね。このように no は、形の上
では名詞(主語や目的語)についていても、意味的には**文[命題]全体を否
定**するのが普通です。

　ところが、否定語はそれがついている語句だけを否定することがありま
す。これを**語句否定**と言います。たとえば、**No** news is good news. 「知
らせがないのはよい知らせ」という有名なことわざの No は、主語の news
だけを否定する語句否定です。もし文否定と解釈すると、「よい知らせは 1
つもない」になってしまいます。

　上の文脈では、"**No** joke is better than a failed one." の No も語句
否定だったのです。No joke で「ジョークがないこと」という意味なのです。
「ジョークを言わないほうがすべるジョークを言うよりはましだ」という意味
だったわけです。

ビールを温めて飲むという男がいます。彼は、「温かいビールが冷たいビールよりうまいことを証明できる」というのです。彼の証明はこうです。

1) **Warm beer** is better than **nothing**.
2) **Nothing** is better than **cold beer**.
3) So **warm beer** is better than **cold beer**.　　Q.E.D.

「X ＞ Y かつ Y ＞ Z なら、X ＞ Z だ」の応用みたい。でも、どうもあやしいですね。日本語でちゃんと意味を考えてみましょう。

1) 「温かいビールでも、何もないよりはましだ」
2) 「冷たいビールよりいいものはない」
3) 「だから温かいビールは、冷たいビールよりいい」　　証明終わり

なーんだ、日本語だとまったく証明になってないじゃないですか！　じつはこの証明にはトリックがあります。1) と 2) で nothing をわざと違う意味に使っているのです。1) の nothing は「何もないこと、ゼロ」の意味で、文全体を否定してはいません。いわば自分のみを否定する**語句否定**です。一方 2) の nothing は**文否定**ですね。この詭弁を使うと価値が逆転したように見えます。名づけて「悪魔の三段論法」。

nothing とか nobody という単語をはじめて知ったとき、変な気がしませんでしたか？ **Nothing** is more important than life. とか **Nobody** lives in the house. というのは、日本人にとってわかりやすい表現ではありません。直訳して「ないものが命より大切だ」とか「いない人がその家に住んでいる」と考えてもよくわかりません。

じつは、英語を話す人間だって、こういう表現をいつも自然に感じているわけではないのです。その証拠に、*Through the Looking-Glass, and What Alice Found There*『鏡の国のアリス』にはこんなやりとりが出てきます。

"I see **nobody** on the road," said Alice.

"I only wish I had such eyes," the King remarked in a fretful tone.

"To be able to see **Nobody**! And at that distance, too!"

「道にはだれも見えないですよ」とアリスが言った。

「そんないい目が欲しいものじゃ」と王様はいらだった声で言った。

「いない人間が見えるとは！　しかもそんな遠いところから！」

(太字：刀祢)

日本語ではこの会話のおもしろさを訳すことができませんが、もうおわかりですね。

nobody は普通、not ＋ anybody「ない＋だれも」なのです。

I see **no**body on the road.

= I see **not anybody** on the road.

= I **don't** see **anybody** on the road.

これでわかりやすくなりましたね。つまり、nobody とか nothing という言葉の no も、形の上では名詞（body や thing）についていますが、意味的には**文 [動詞] を否定**するのが普通です。Alice もそのつもりで I see nobody on the road. と言ったのです。ところが、ひねくれた King はこの nobody を「いない人」という**語句否定的**意味にとったので、こんなとんちんかんなことを言ったのです。

ところで、ちょっと前まで、日本語でもこの no みたいな表現が使われていたのをご存じですか？　以前はパソコンのファイルの検索で、「べらまっちゃ」とかでたらめな語句を打ちこんで検索すると、「0 件のファイルが見つかりました」というメッセージが出てくることがありました。最初は変な日本語だと思ったものですが、まあ意味はわかりますね。こういう日本語に慣れると Nothing was found. のような英語も自然に感じるようになるかもしれませんが、不評だったのか、今では「検索条件に一致する項目はありません」という表現に変わりました。

え？　今回はなんかいつもと雰囲気が違うですって？　何を考えてるんだって？　I don't think anything.　ではみなさん、さよう…。

注1　ちょっと気をつけてほしいのは、今の英語では I think that I do not want my usual drink. のような「think ＋ that ＋ 否定文」という形はまれだということです。I don't think that I want my usual drink. のように think を否定するほうが普通です。そして、このような文の省略形は I don't think so. となります。なお、17 世紀以前の英語では、助動詞と同じく、一般動詞でも直後に否定語（not に当たる語）を置いて否定文を作っていました。

考えてみよう！

A 次の2つの文の意味の違いを説明してください。

1) I can't answer **any** of these questions.

2) I can't answer **some** of these questions.

B 次の Brad のせりふの隠された意味を考えてください。

Nancy: What do you think of this swimsuit?
「この水着どう思う?」

Brad: I like nothing better.
「最高だよ」

C 次の文は2とおりに解釈できます。その2つを日本語で表してください。

Brenda has not been in Tokyo for two years.

D 次の文は2とおりに解釈できます。その2つを日本語で表してください。

Dylan would be happy with no job.

E 次の2つの文の意味の違いを説明してください。

1) He is not a little tired.

2) He is not a bit tired.

F 次の2つの文の意味の違いを説明してください。

1) Marty possibly can't marry Lorraine.

2) Marty can't possibly marry Lorraine.

G ニュアンスはちょっと違いますが、can にも may にも可能性を表す用法がありますね。

1) It can happen. 「それは起きる可能性がある」

2) It may happen. 「それは起きる可能性がある」

では、上の2つを否定文にすると、なぜ次のように、まったく違う意味になるのでしょう。

3) It cannot happen. 「それは起きるはずがない」

4) It may not happen. 「それは起きないかもしれない」

上のような違いが生まれるわけをどう説明したらいいか考えてください。

H 次の文の意味を日本語で表してください。

"Think you can not drink before then?"

"Yeah, I think I can do that."

I 次の文の意味を日本語で表してください。

His experience led him to believe nobody did anything for nothing.

J 次の文の意味と no の働きを考えてください。

Imagine no possessions. I wonder if you can.

Ⓐ ［訳］ **1) 私はこれらの質問のどれにも答えられない。**

 2) 私はこれらの質問のいくつかには答えられない。

じつはこれ、上智大学大学院言語学博士課程の入試に出た問題です。中学で「否定文では some は any になる」と習ったでしょう。でも、だからといって some が否定文に現れないというわけではありません。

1) では any は not のターゲットになって not ＋ any で「少しもない」「1 つもない」という意味になります。一方 2) では、some は not のターゲットにはなっていません。**some は、否定文に現れても否定の影響を受けないのです。**次のような書き換えをしてみるとよくわかります。

1) I can't answer **any** of these questions.

 = There **aren't any** questions I **can** answer.

「私が答えられる質問は 1 つもない」

2) I **can't** answer **some** of these questions.

 = There are **some** questions I **can't** answer.

「私が答えられない質問がいくつかある」

Ⓑ 省略を補ってみると、I like nothing better *than your swimsuit.* となります。これには文否定と語句否定の 2 つの解釈がありえます。普通は**文否定**で、「その水着より好きなものはない」＝「その水着最高だよ」です。でも、もし語句否定的にとったら、nothing は「何もない（何も身につけない）状態」だから…。

Ⓒ ［解答例］ **①ブレンダはこの 2 年間東京に来ていない。**

 ②ブレンダが東京に来てからまだ 2 年たっていない。

①の否定の範囲は Brenda has not been in Tokyo までで、「ブレンダは東京にいない」＋「2 年間」という構造です。②では、for two years まで否定の範囲に含まれ、「ブレンダは東京に 2 年いる」＋「わけではない」という構造です。

Ⓓ ［解答例］ **①ディランはどんな仕事にも満足できないだろう。**

 ②ディランは仕事がなくてもハッピーだろう。

①は no が文全体を否定しています。②では、no は job を否定して、「仕事がない状態」を表しています。語句否定です。

ところで、この問題の文はあいまいですが、次のように書けば、それぞれ意味が1つに決まります。

a) With **no** job *would* **Dylan** be happy. → ①の意味

b) With **no** job, **Dylan** *would* be happy. → ②の意味

「否定の副詞句が文頭に来ると、そのあとの文は疑問文のような形になる [倒置する]」というルールを文法の授業で習ったでしょう。a) ではこのルールが働いて助動詞の would が主語 Dylan の前に移動しています。でも、なぜそんなルールがあるのか教わりましたか？

文の語順が変わることによって否定の副詞句が文全体に作用していることを知らせると考えるだけでもいいでしょうが、もう少し理屈を考えてみましょう。a) では、助動詞の would が主語 Dylan より前に移動することで、**no と would の距離が近くなっている**ことに注目してください。否定語（no、not など）と否定される語句は距離が近いほうが当然わかりやすいですよね。no + would =would not なので、この移動により a) は次の文と同じ意味であることがはっきりするのです。

a) 〈With **no** job〉 *would* Dylan be happy.

=Dylan **would not** be happy with any job.

例えて言うなら、no が文頭に行くと、助動詞の would は「待って！　私を置いていかないで！」とあとを追って前に出てくるのです。

次のような表現が文頭に来るときも同じことが起きます。

Under no circumstances *should* you use these words.

「どんな状況でもこれらのことばを使うべきではない」

In no way *did* she give her own opinion.

「彼女は決して自分の意見を言わなかった」

一方、b) の場合は no は job を否定しているだけで would とは関係ないので、would は no を追っかける必要がないからそのままの位置なのです。

というわけで、否定語を含む副詞句が文頭にあっても、あとの文が疑問文みたいになるとは限らないのです。よく文法書に載っている「否定の副詞句が文頭に来ると…」というルールは、厳密には次のように直す必要があります。

「**文を否定する**副詞（句）が文頭にあると、あとの文は疑問文の形になる」

1つつけ加えると、「文否定の副詞句が文頭にあると」という言い方もじつはちょっと問題があります。なぜなら文を否定する語がついた目的語が文頭に置か

れたときも同じ現象が起きるからです。これが起きる理由は副詞のときと同じです。たとえば『若草物語』に次のような文が出てきます。

Not a word *did* she say ....「彼女は一言も話さなかった」(*Little Women*)

次の2つの違いも同じように理解できます。

c) **At no time *will* you** be allowed to go out.
「きみはいかなるときも外出することは許されない」

d) **In no time you *will*** be allowed to go out.
「きみはもうすぐ外出することを許される」

at no time の no は普通は文全体を否定します。したがって、c) では、そのあとが will you と疑問文のような形になっています。一方、in no time は「ゼロの時間で=すぐに (soon)」という意味の表現で、no は time を語句否定しています。文全体は否定されていないので、you will の順になっているわけです (in no time は文末が普通ですが)。ちょっと前置詞が違うだけなのに、まったく違った意味になるので注意してください。

He is a little tired. と He is a bit tired. はどちらも「彼は少し疲れている」で、ほとんど同じ意味です。ところが不思議なことに、not を加えるだけでこの2つはまったく違う意味になってしまうのです。

1) He is not a little tired. は「彼は少なからず疲れている」で、文の意味自体は肯定文です。not は a little を語句否定して「少なくない≒かなり (pretty)」の意味を表しています。この a little は文の終わりに置くことはできません。

一方、2) He is not a bit tired.「彼は少しも疲れていない」では、a bit は not に否定されているというよりむしろ not ... at all の at all のように否定を強調しています。この not は、He is tired. を否定する文否定と考えることができます。a bit を文の終わりに置くこともできます。

not a little のように、A という意味を表すのに A の反対語を否定して表すレトリックを「緩叙法 (litotes)」と言います。他に not bad ≒ good などがあります。

[訳] **1) マーティはもしかするとロレインと結婚できない。**

2) マーティはどうしてもロレインと結婚できない。

1) では possibly は not の否定する範囲に入っていません。2) では possibly

Lecture

14

否定のしくみが見える！

243

は not よりあとにあるので、not の否定を受け、not + possibly で impossible に近い意味が生まれます。

次の 2 つの違いも同じように考えることができます。

a) He **clearly doesn't** understand my question.
「彼は明らかに私の質問を理解していない」

b) He **doesn't clearly** understand my question.
「彼は私の質問をはっきりとは理解してはいない」

G 次の 2 つの違いはわかりますか？

a) He **didn't try** to talk to me. 「彼は私に話しかけようとはしなかった」

b) He **tried not** to talk to me. 「彼は私に話しかけないようにした」

a) では not [didn't] は try を否定しています。一方 b) の not は to talk を否定しています。

3) と 4) の違いもこれに似ています。否定がかかるものが違うのです。次のように書くとわかりやすいでしょう。

3) It [cannot] happen. 「それは起きる＋[はずがない]」

4) It may [not happen]. 「それは [起きない] ＋かもしれない」

3) では not は助動詞 can の意味を否定しています。can（可能）を否定するから「不可能」の意味になるのです。つまり 3) は、「『それが起きること』はありえない」という構造をしているのです。ところが **4) では、not は動詞 happen を否定しているの**です。4) は「『それが起きないこと』がありうる」という構造です。

3) のような場合を「助動詞否定」、4) のような場合を「動詞否定」と呼びます。

「助動詞否定」と「動詞否定」で理解できる現象は他にもあります。must V と have to V は似た意味を持っているのに、否定文の意味はずいぶん違いますよね。must not V は動詞否定で、must + [not V]「[V しないこと] が必要」＝「V してはいけない」と考えれば理解できるでしょう。一方、don't have to V は [don't have to] + V「V すること＋[が必要ない]」というしくみになっているのです。have to を 1 つの助動詞とみなせば、これは助動詞否定です。

had better + V「V するほうがいい」の否定文は、had better not V と習ったでしょう。変なところに not が入っている、と感じた人がいるかもしれませんが、had better + [not V]「[V しない] ＋ほうがいい」という動詞否定の構造を持っているのです。

H [解答例] 「それまで酒を飲まずにいられると思う?」

「うん、それはできると思う」

これは、マイケル・J・フォックスの自伝 *Lucky Man* に出てくる会話です。最初の問いはマイケルの奥さんトレイシーのせりふ、2つめの文はマイケルの答えです。can の否定は cannot と書くはずなのに、can not drink と書かれているのはどうしてでしょう?　それは、この not が can ではなく、drink だけを否定する語句否定、「動詞否定」だからです。can + not [drink]「[飲むことが] +できない」ではなくて、can [not + drink]「[飲まないでいることが] +できる」というしくみです。

マイケルの奥さんは、アル中になりかけているマイケルに、いわば「『ノードリンク』できる?」とたずねているのです(ぼくはこの会話を読んで、ある日本のフィギュアスケートの選手が演技のあとのインタビューで「今度は『ノーミス』したい」と言ったことを思い出しました)。

答え方にも注意してください。疑問文に not があるのに Yeah (= Yes) で答えていますね。それに、I can not do that. ではなく I can *do that*. と言っています。この do that は not drink「飲まないでいる」という行為を指しているのです。

助動詞否定の not と動詞否定の not が2つ続けて使われる場合が、たまにあります。1つ例を見てみましょう。あるドラマの会話です。

A: I need you to tell me if he's going to be okay.
「この子の病気が治るのかどうか私に言ってほしい」

B: You can't ask that.
「そんなことは聞いちゃいけないよ」

A: I **can't not** ask it.
「聞かずにいられないのよ」

I can't の not は助動詞 can を否定し、「~できない」という意味を表します。not ask it の not は動詞 ask を否定し、「聞かない」という意味を表します。あわせると「**聞かないことはできない**」となり、意訳すると上の和訳のようになります。

I [解答例] 彼は経験から、だれもただでは何もしないと思うようになった。

nobody did anything for nothing. の最初の nobody は、文否定として使われています。Nobody does anything. は「何もする人がいない」あるいは

「だれも何もしない」の意味。一方、for nothing は直訳すると「ゼロと引き換えに」で、「ただで」の意味になります。この nothing は一種の語句否定で、文を否定しません。**文を否定する語は原則として、1 つの文（S + V）の単位につき 1 個なんです。ということは、つまり、1 つの S + V に対して 2 つ以上の否定語が入っていたら、1 つが文否定、それ以外は語句否定です。**この文では、nobody が文否定なので nothing は語句否定になります。

Ｊ 「所有物がない世界を想像してごらん。きみにはできるかな？」

知っていた人も多いでしょうが、これは John Lennon の *Imagine* の一節です。たとえば次の一見似た形の文はどうでしょう？

Make **no** complaints.

この文は Don't make **any** complaints.「文句を**言うな**」と同じ意味で、no は文を否定しています。

では Imagine no possessions. は「所有物を想像するな」という意味なのでしょうか？

この前に Imagine there's no heaven や Imagine there's no countries と歌っているのがヒントになります。次のように考えられるでしょう。

Imagine [**no** possessions].
≒ Imagine [that there are **no** possessions].

「**所有物がないこと**を想像せよ」、詳しく言えば「人が**ものを所有しない世界**を想像してみなさい」という意味なのでしょう。つまりこの no は [   ] の中で働く語句否定なのです。

246

おまけのレクチャー ┃ 否定文のしくみについて

「否定」については、学者によっても考え方が違うし、ちゃんと説明すると大変なことになりますが、ここでは、否定文の意味を理解するのに必要な「情報構造」について、できるだけ簡単にお話ししておきましょう。

文には、文法的構造とは別に**情報構造**というものがあります。文は、次のように2つの部分から成り立っているのです。

文 ＝ 前提（古い情報）＋ 焦点（新しい情報）

「古い情報」とは、**聞き手がすでに知っている**はずのこと、「新しい情報」とは、**聞き手がまだ知らない**ことです。あるいは、古い情報＝話し手がすでに語ったこと、新しい情報＝話し手が強く伝えたいこと、と考えてもいいでしょう。焦点（新しい情報）の部分は強く発音されます。

たとえば、The girl you met is Meg. という文は「きみが会った女の子（前提）は＋メグ（焦点）だ」という構造になっています。

The girl you met 〔前提〕 **is** **Meg.** 〔焦点〕

きみが女の子に会ったことは**すでにわかっている**（＝前提である）のです。その子が Meg という名前の子だという情報をプラスして、1つの文ができています。「は」という日本語に訳したとき、「〜は」の前の部分が前提、後ろの部分が焦点だと考えていいでしょう。

もう少し複雑な文ではどうでしょう。Tom hit Mary yesterday. という文は、**前提**と**焦点**に関して、次のようにいくつもの解釈ができます。日本語では、「は」の働きにより前提と焦点をはっきり分けることができます。英語でこの働きにあたるのが、強調構文です。

1) 「きのうメアリをたたいたのは、トムだ」（焦点は Tom）
It was **Tom** that hit Mary yesterday.

2) 「きのうトムがたたいたのは、メアリだ」（焦点は Mary）
It was **Mary** that Tom hit yesterday.

3) 「トムがメアリをたたいたのは、きのうだ」（焦点は yesterday）
It was **yesterday** that Tom hit Mary.

4) 「トムがきのうメアリにしたのは、たたくという行為だ」（焦点は hit）
What Tom did to Mary yesterday was **hit**.

　Tom hit Mary yesterday. という文字を見ているだけでは、上のどの意味なのかはっきりしませんが、実際には文脈があるのでわかります。また、話される場合は焦点が強く発音されるのでわかります。

　Tom **didn't** hit Mary yesterday. という否定文も、何を焦点とするかで、次のようにいろいろな解釈ができます。（　　）はこの文のあとに続く情報の一例です。

1)´ 「きのうメアリをたたいたのは、トムではない（ジムだ）」
It was **not Tom** that hit Mary yesterday (but Jim).

2)´ 「きのうトムがたたいたのは、メアリではない（ルーシーだ）」
It was **not Mary** that Tom hit yesterday (but Lucy).

3)´ 「トムがメアリをたたいたのは、きのうではない（今日だ）」
It was **not yesterday** that Tom hit Mary (but today).

4)´ 「トムがきのうメアリにしたのは、たたくという行為ではない（けるという行為だ）」
What Tom did to Mary yesterday was **not hit** (but kick).

たとえば 1)´ の場合、ぼくも「not は Tom を否定している」という言い方をすることもありますが、正確には、**「前提と焦点 Tom の関係」**を否定しているのです。すなわち、「だれかが Mary をたたいたこと」と Tom との間に関係がないと言っているのです。

Lecture
15

Yes と No の
働きが見える!

— No と「いいえ」は逆の意味? —

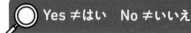

　かつて、日本のタバコ会社の喫煙マナー向上キャンペーン広告に、こんな英語が出ていました。

> 車から吸いがらを外に捨てない。
> I never toss cigarette butts out of the car.
> ☑ YES　86.7%（+ 5.7%）

　喫煙に関するアンケートの結果を使った広告です。さて、86.7% の日本人は車からポイ捨てをするのでしょうか、それともしないのでしょうか?

　よく「Yes / No と『はい／いいえ』は逆になることがある」とか、「否定疑問文で Yes / No を間違えやすい」なんて言いますね。うっかり Yes / No を間違えると、まるで逆の意味にとられかねません。この章では、Yes / No と「はい／いいえ」の違いを研究して、会話などでまごつかないコツを探ります。

　まず、日本語の「はい／いいえ」の働きから考えてみます。日本語の「はい」は発言全体が正しい、「いいえ」は発言全体が間違っているという意味だという人がいますが、本当にそうでしょうか?　ちょっと試してみましょう。

　もし次のような状況に置かれたら、あなたは①と②のどちらの答え方を自然だと感じますか?

> **ケース1**　あなたは犬のフンをよけようとして転び、「おけがはありませんか」と聞かれました。
> 　①「はい、ありません」　②「いいえ、ありません」
>
> **ケース2**　嫌いな人に「飲み会に行きませんか?」と誘われました。
> 　①「はい、行けないんです」　②「いいえ、行けないんです」

同じ否定疑問なのに、ケース１では①を、ケース２は②を選ぶ人が圧倒的に多いのです。なぜでしょう？

　ケース１では相手は「けががないといいな」と考えているはずです。「はい」は**その考えが○だということを表す**のです。ケース２の相手は「飲み会に来てほしい、来てくれるだろう」と考えています。「いいえ」は**その考えに×をつける**のです。

　「はい」の意味は「あなたの考え・期待は正しい」（= You're **right**.）、「いいえ」の意味は「あなたの考え・期待は間違っている」（= You're **wrong**.）なのです。つまり日本語で「はい／いいえ」を使うには、まず**相手の頭の中を推理しなければならない**のです。これって、けっこうむずかしいのではないでしょうか？

　一方、Yes / No の働きは「はい／いいえ」よりずっと単純です。次のうち、自然なのはどっちですか？

---

1) *A*: **Aren't** you **hurt**?

　　B: ① **Yes**, I'm not.　　② **No**, I'm not.

2) *A*: **Won't** you **join** us for a drink?

　　B: ① **Yes**, I can't.　　② **No**, I can't.

　ネイティブ・スピーカーなら全員、1)、2) の両方に対して②を選ぶでしょう。英語では推理なんて高度なことは必要ありません。**相手が言った動詞にだけ反応すればいいのです。**

　Yesの意味は「あなたが言った動詞を肯定します」、Noは「あなたが言った動詞を否定します」というだけなのです。1) の例では No は I**'m not hurt**. を意味し、2) なら I **cannot join** you. を意味するだけ。**疑問文が否定でも肯定でも、まったく気にしなくていいのです。Won't** you join us? と聞かれても **Will** you join us? と聞かれても、あなたが飲み会に行かないなら No でいいんです。だから何か聞かれたら、**動詞をしっかり意識し、それを肯定したいか否定したいかを確認**しましょう。たとえば Don't you **like** beer? と言われたら、「I **like** beer. か I **don't like** beer. か」を一瞬先に考えます。そして like なら Yes、don't like なら No を言います。この練習をすると、そのうち Yes / No が自然に使えるようになります。

　さて、さっきのタバコ会社の広告をもう一度考えてみましょう。I never **toss** cigarette butts out of the car. を疑問文と考えて YES と答えると、**動詞 toss を肯定**するので I **toss** cigarette butts out of the car.「吸いがらのポイ捨てをする」という意味になりますね。

　でも、まさか 9 割近くの日本人がそんなことをするなんてありえないでしょう。たぶん、「はい（しません）が 86.7%」というつもりだったんでしょ

うね。この広告の原稿を書いた人は、「Yes＝はい」だと思っていたのではないでしょうか。

　英文をただの飾りと考えているなら、これでもいいのかもしれません。でも、本当に外国の人に読んでもらうために載せるのなら、このYESはNOかNEVERと書くべきだったのではないかと思います。

　「説明はわかったけど、でもやっぱりややこしい」と思った人はいますか？

　あなたが学生なら、テストの会話問題で否定疑問文が出たら、やっぱり混乱しそうですか？　じゃあ、とっておきのウラワザをそっとお教えしましょう。そういう問題が出たときは、「英語では**疑問が否定文でも肯定文でも答え方は変わらない**」という原則を利用（悪用？）して、次のように否定疑問文を肯定疑問文に書き直してしまえばいいのです。ちょっとずるいかもしれませんが、これでもう日本語式に考えても間違えることはありません。

A: ~~Aren't~~ you hungry?
　　Are

B: (　　), I'm full.

　① No　② Yes　　　　　　　　　　正解 ①

　でも、実際に英語で会話をしていて、もしYes / Noで混乱したときは？

　そういうときは、YesやNoなんて無理に言わなくていいのです。I like beer. / I don't like beer. のように文の形で言ってしまえば、はっきりします。あるいは、Yes / Noの代わりに、「はい」と言いたくなったらRight.「いいえ」ならWrong. と言うのも、うまいやり方です。

　ここまでは基本です。しかし、英語をたくさん読んだり聞いたりしていると、一見、「この原則に反するぞ？！」と思う例に出あうかもしれません。ちょっと原則に合わないような例をいくつか見てみましょう（「基本がわかればそれでいいや」という人は、ここから先は読まないほうがいいかも…）。

これはバスの客と運転手の対話です。運転手は何と言っているのでしょう?

A: Did you say that this bus isn't going downtown?

B: **No, it isn't**. You should take the number 3 downtown.

No だけを考えると、「バスはダウンタウンに行かないとは言わなかった」のかと誤解するかもしれません。するとバスは downtown に行くんだと思ってしまうでしょう。でも No のあとの **it isn't** に注意! B (運転手) は、「言ったかどうか」より、「バスが downtown に行くか行かないか」のほうが A (客) にとって重要だと判断し、Did you say は無視して No, **it** [= this bus] **isn't (going downtown)**.「行かないよ」と答えたのです。つまり Is this bus going downtown? に対するのと同じ答えをしたのです。こんなふうに、Yes / No のあとの文にも注意しないと、とんでもない誤解をしてしまうことがあります。

ちょっと見ただけだと、Yes がまるで日本語の「はい」と同じような使い方をされているように思われる例に出くわすことがあります。次は日本の国語の教科書にも載っている、アーノルド・ローベルの *Frog and Toad Are Friends* 『ふたりはともだち』にある会話です。

　親友のかえるくんが「ひとりになりたい」と言って出て行ったので、がまくんは悲しんで言います。"Maybe Frog does **not** want to see me."「かえるくんはぼくには会いたくないのかもね」

　"**Yes**, maybe," said the turtle.「うん、かもね」とかめくんが友だちのがまくんに答えます。

　かめくんは Frog does **not** want to see you. と考えているのです。それなら否定文だから、原則に従えば No のはずですね。でも、ここでは Yes で自然なのです。これは「和風の Yes」なのでしょうか?

　maybe という副詞がカギを握っているのです。maybe は、もとは It may be that ...「たぶん…だろう」という文から、it と that が省略されてできました。それを補ってみると、この会話はこうなります。

　　"It **may be** that Frog doesn't want to see me."
　　"Yes, it **may be**."

　ほうら、かめくんの Yes の謎が解けましたね。かめくんは that 節の want に対してではなく、It **may be** という部分に対する肯定を表すために Yes と言ったのです。

🔍 「純和風」の No

　最後に、まるで「はい／いいえ」のような No の例をお見せしましょう。か つて大学入試センター試験の会話問題にこんなのが出たことがあります。

> *A*: Good morning. You're up really early. **Couldn't you sleep?**
>
> *B*: **No, no.** I slept like a baby. The bed was very comfortable.

　Couldn't you sleep? に対して No と答えれば、普通なら「はい、眠れ ませんでした」という意味になるはずです。でもそう考えると、そのあとの I slept like a baby.「赤ちゃんみたいによく眠りました」というせりふと矛 盾してしまいます。とすると、このやりとりは、A「眠れなかったの?」 B 「いえいえ、赤ちゃんみたいに眠りました」という意味にとるしかありません から、この No は「いいえ」と同じで、相手の考えを否定する**「純和風の No」**ということになります。相手の考えを強くうち消したいときには、こう いう言い方をすることがたまにあるのです。

　もういくつか例を見てみましょう。どれも、相手の否定文に対して No が 使われていることがわかりますね。

> *A*: You **don't** like it?
> 「それ好きじゃないんだね」
>
> *B*: **No**, I do. I do like it.
> 「いや、好きだよ。ほんとに好きなんだ」
>
> （映画 *Boys on the Side*『ボーイズ・オン・ザ・サイド』より）

258

> *A:* You were good. It **isn't** your fault.
> 「きみは立派だったよ。きみが悪いんじゃないよ」
>
> *B:* **No**, it is.
> 「いや、ぼくが悪いんだ」
>
> （映画 *Analyze That*『アナライズ・ユー』より）

　こういう例を見ていると、なんだか英語に親しみを感じます。でも私たちは、まず原則をしっかり身につけるべきでしょうね。

　最後にひと言。肯定と否定の返事について、英語式がグローバル・スタンダードで日本語が変、なんてことはありませんのでご安心を。ロシア語は英語式ではなく、むしろ日本語式です。スワヒリ語を話す人も日本人と同じ間違いをすることがあるそうです。一方フランス語では、否定疑問文に対して「違います、肯定です」と言うときは、Yes にあたる Oui を使わないで特別の語 (Si) を使います。ドイツ語でもそういう場合は Ja (=Yes) ではなく Doch という別の語を使うことになっています。つまり、いろいろなシステムがあるわけなんですね。

Give it a try! 考えてみよう！

A （　　）にもっともよくあてはまるものを選んでください。

1) A: Aren't you going to eat the rest of the pie?

B: (　　). I'm supposed to be on a diet.

A: In that case I'll finish it.

① I threw it away　② No, I'm not

③ There isn't any　④ Yes, I'm full

2) A: Guess which of our students forgot to do the homework last night.

B: I suppose the usual two did, didn't they?

A: (　　).

B: That's surprising.

① No, as usual　② Not this time

③ Yeah, they didn't　④ Yes, they remembered

(1)、2) とも大学入試センター試験)

B 次の対話の和訳はどこがおかしいか、指摘してください。

***Lorraine*:** Do you mind if I sit here?

「ここに座っていい？」

***Marty*:** No! Fine! No!

「だめ！　かまわない！　だめ！」

C （　　）にもっともよくあてはまるものを選んでください。

A: He isn't angry with us.

「彼は私たちのこと怒っていないよ」

B: (　　)

「そうだといいけど」

① I hope so.　② I hope not.

D 次の会話の意味を英語で表してください。

「兄さんは死ぬまで、奥さんを御持ちになりゃしますまいね」

「いいえしまいまで独身で暮らしていました」

——夏目漱石『硝子戸の中』

260

解答・解説

A 1) ［正解］②

Aのせりふを「パイの残り食べないの?」なんて日本語に直して考えると、まんまと敵のワナに陥って、④のYes, I'm fullを選んでしまいます。「はい、おなかいっぱいなので」と訳せば、ピッタリに見えてしまいますからね。この章で学んだことを思い出してください。Yesは相手の使った動詞を肯定しますから、④を選ぶと「はい、食べます。おなかいっぱいです」という矛盾した意味になってしまいますね。正解はNo, I'm not「食べません」です。これだと、あとの「ダイエットしないといけないので」にも合いますね。

2) ［正解］②

A 「うちの生徒のうち、ゆうべだれが宿題をするのを忘れたかわかる?」

B 「いつものふたりでしょ。そうじゃないの?」

このdidn't they?──いわゆる付加疑問文というのがつくと、ややこしく感じるかもしれませんね。無視して考えればいいのです。正解は②「今回は違ったんだ」です。

B これは映画 *Back to the Future*『バック・トゥ・ザ・フューチャー』のシナリオの日本語訳を読んでいて見つけた、受験生でもしないような誤訳です。mindの意味を知っていればわかりますね。Do you mind if I sit here? は直訳すると「私がここに座ったらいやですか?」だから、No! Fine! No! と答えると「ううん、いやじゃないよ、いいよ」という意味になります。

C ［正解］②

これは、YesとNoをしっかりマスターしている人にとっても、落とし穴になるかもしれません。I hope so. の so は、Yesと同じように、前に出た肯定の節の代わりになるのが普通です。したがって、この文脈ではI hope so. と言うとI hope he is angry with us.「彼が怒っているといいね」と聞こえてしまう可能性があります。一方、I hope not. の not は否定の節の代わりをするので、I hope not. と言えばI hope he is **not** angry with us.「彼が怒っていないといいね」という意味がはっきり表せます (→ p. 232 ~ p. 233)。

D [解答例] **"Your brother was never married, was he?"**
"No, he remained single all his life."

この対話では、「しますまいね」と否定疑問文で聞かれており、日本語なら「いいえ」じゃなくて「はい」と答えるはずだと思って戸惑った人がいるかもしれません。質問した人が「兄さんはひょっとすると奥さんを持ったことがあるのでは」と考えていると、答える側が推量したのでしょう。そして答える側は**質問した人の考えを否定する**ために「いいえ」と言ったのでしょう。このようなケースでは一見「いいえ」が英語の No と一致しているように見えますが、257 ページで研究したように、それは見かけの一致にすぎません。日本語は忘れてください。相手がなんと聞こうが「しまいまで独身」なのですから No (= he **wasn't** married) でいいのです。

前置詞の主語と目的語
が見える！

— SPO 理論で考えよう！ —

「前置詞の使い分けが苦手」という人はけっこう多いようです。その原因はいろいろあるでしょうが、その中で今回お話ししたいのは、前置詞の働きを理解するうえでもっとも重要なのに日本の英語教育ではちゃんと教えられてこなかった、たった1つのポイントです。

　手はじめにいくつか簡単な問題を考えてみましょう。次の（　　）に使うのに自然な前置詞はなんですか。

1) Please wipe your feet (　　) the doormat.
「玄関マットで足をふいてください」

2) She walked (　　) high heels.
「ハイヒールで歩いた」

3) I bought a coffee (　　) a vending machine.
自販機でコーヒーを買った。

　「簡単な問題」と言いましたが、教室でこれらをやってもらうと、できない人がかなり多いのです。ネイティブ・スピーカーなら子どもでも一瞬で答えられるのですが。

　では答えを見ていきましょう。

　1) は with（あるいは by）と思った人がいるかもしれませんが、もっとも普通に使われるのは on です。2) も with（ひょっとすると on）が浮かんだ人がいるのでは？　自然なのは in です。3) も「with とか by じゃだめなの？」と思った人がいるかもしれません。でも答えは from です。

どうしてこんなふうになるのでしょう？　ぼくは日本人と英語ネイティヴではこれらの問題を見たときの思考のパターンがまったく違うのではないかと思うのです。

　それは次のような感じだと思われます。

1)
　日本人「『マット』は『足をふく』ための道具だから with かな?」
　英語ネイティヴ「足をふくとき足はマットに接しているので on」

2)
　日本人「『ハイヒール』は歩くための道具だから with では?」
　英語ネイティヴ「歩くとき足はハイヒールの中に入っているので in」

3)
　日本人「自販機はコーヒーを買う手段だから by か with だろう?」
　英語ネイティヴ「コーヒーは自販機から出るので from」

A **on** B　　A **in** B　　A **from** B

　日本人が「道具」とか「手段」という**抽象的なとらえ方**をするのに対し、英語では「足がマットに接する」とか、「コーヒーが自販機から出る」というように、**2つのものの間の空間的位置・方向の関係**を意識して前置詞を決

めているのです。この違いが原因で日本人が前置詞の使い方を間違ってしまうことが多いのです。

このように、前置詞の意味や用法を理解するには、2つの存在（前ページのイラストで**A**と**B**として表されているもの）の間の関係を考える必要があるのです。前置詞（Preposition）の後ろにあるものは、文法の本で「前置詞の目的語（**O**）」と呼ばれています。でも、前置詞の前にあるものには名前がありません。これでは不公平なので、ここではそれを「前置詞の意味上の主語」、略して**「前置詞の主語（S）」**と呼びます。そして主語**S**と前置詞と目的語**O**をワンセットにして**S-P-O**という形で考えていくことにします（文の主語と区別するため斜体の**S**を使うことにします）。名づけて「SPO 理論」。

 「向かう」か、「達する」か

「主語＋前置詞＋目的語」＝**S-P-O**という考え方で、to と for という2つの重要な前置詞の働きを考えてみましょう。どちらも方向を表しますね。では、同じような意味なのでしょうか。

次の2つの文の違いは何でしょう?

4) *She* left for Paris.
5) *She* went to Paris.

「彼女はパリへ出発した」、「彼女はパリへ行った」と訳してしまうと、あまりはっきりしませんが、この2つには大きな違いがあります。4) では彼女はちゃんとパリに着いたのかどうかはっきりしません。途中で引き返したかもしれないのです。一方、5) は彼女がしっかりパリの土を踏んだことを意味します。

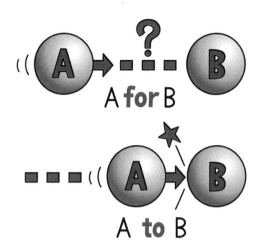

A **for** B

A **to** B

　上のスキーマを見てください。**"A for B" は A が B に向かっていること
は意味しますが、B に到達することまでは保証しません。**これに対して **"A
to B" は、A が B に向かい B に達するという意味を表す**ことができるの
です。A が主語 **S**、B が目的語 **O** に相当します。

　他の例も見てみましょう。（　　　）には何が入りますか？

6)　He is **bound** (　　　) home.
　　「彼は帰国する途中だ」

7)　The long and winding road **leads** (　　　) her door.
　　「長い曲がりくねった道は彼女の家の戸口に通じている」

　6) は母国に**到達するかどうかわかりません**から **for** です。7) では道は
戸口に**達しているから to** ですね。

A lead **to** B

その他のものをまとめてみます。

A＋V＋for B 「A が B に向かう」タイプ	A＋V＋to B 「A が B に到達する」タイプ
A start for B : A が B へ出発する	**A come to B :** A が B に来る
A make for B : A が B のほうへ進む	**A get to B :** A が B に着く、行く
A be bound for B : A が B に向かっている	**A drive to B :** A が B に車で行く
A make a beeline for B : A が B にまっすぐ向かう	**A make it to B :** A が B にたどりつく

　さて、ここまでは空間的な意味の違いでしたが、この違いは to と for が メタファ（隠喩、つまり「たとえ」）として抽象的なことを表すときにも、その まま保たれるのです。

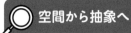

次の文の（　　　）に入る前置詞は何ですか。

8) She **got married** (　　) a billionaire.
「彼女は億万長者と結婚した」

9) We **wish** (　　) world peace.
「私たちは世界平和を切望している」

8) では、彼女はいわば金持ちと「くっついた」のだから to が正解。9) では、私たちはまだ平和を手に入れていないのだから for が正解。このように、**for は「人の思いが何かに向いている」→「何かを求めている」という意味**を表します。まだ目標に達していないからこそ、人はそれを求めるのですね。このように抽象的な意味のときも to と for の違いは生きています。

さっき見た **A lead to B** も、もう一度考えてみましょう。この表現は次のように「A が B を引き起こす」という抽象的意味を表すこともあります。

10) *Smoking* **leads to cancer**.
「タバコはガンを引き起こす」

これもひとつのメタファなのです。「**道→到達点**」という空間的な認識の構造が「**原因→結果**」という抽象的な認識の構造に、そのまま「写像」されているのです。

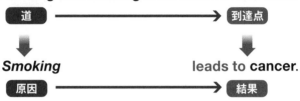

The long and winding road leads to **her door**.

道 ──────────────→ 到達点

Smoking   leads to **cancer**.

原因 ──────────────→ 結果

🔍 そして感覚の世界へ

　さらに抽象的な、感覚の表現を見てみましょう。次の（　　　）に入る前置詞は何でしょう?

> **11)** I **listened** (　　　) the telephone for a long time,
> but **it didn't ring after all**.

　「listen には to がつくに決まってるじゃないか!」と思った人はいませんか。残念、正解は for なんです。後ろに「しかし結局電話は鳴らなかった」

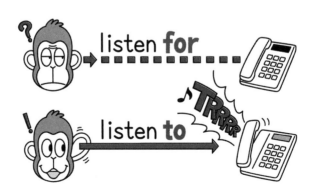

とあるのに注意してください。つまり、こうです。

> **A listen to B**
> 「A（人）が B（今すでに鳴っている音）に耳を傾ける」
>
> **A listen for B**
> 「A（人）が B（まだ鳴っていない音）を聞こうと耳を澄ます」

listen to の場合は、A（の感覚）は B に達していますが、listen for では A はまだ B をとらえていないのです。

listen for のついでに、だれでも知っている **look for**「**～をさがす**」も考えてみましょう。for を意識すると、「**～を求めて（あちこち）見る**」という本来の意味が見えてきます。**さがしているときは当然、まださがしものは見つかっていない**ですね。

 なぜ buy には for で give には to なの?

12) She **bought** *a chocolate* for **Jeff**.
「彼女はジェフにチョコレートを買った」

13) She **gave** *the chocolate* to **Jeff**.
「彼女はジェフにそのチョコレートをあげた」

12）と 13）の違いは、12）では A（チョコレート）が B（Jeff）の手に達したとは限らないのに対し、13）では普通、チョコレートが Jeff の手に渡ったことを含むという点です。つまり 12）では、気が変わって自分で食べちゃった、なんていうケースもありうるわけです。

buy や make などの **V ＋ A for B** タイプの動詞では、**A は B に達する**

とは限らないのです。このタイプは B という**相手が存在しなくても V の行為をすることが可能**です。別に相手がいなくてもチョコレートを買うことはできますね。

　一方、give や send などの **V + A to B のタイプの動詞**は、**A が B に達する**という意味を含むものが多いのです。したがってこのタイプは **A の到達点である B が存在しないと V という行為が実現しない**のです。tell や show の場合、A そのものが B に達するわけではありませんが、**A についての知識や情報（映像も含む）が B に届く**のです。代表的なものをまとめましょう。

V+A+for B 「A が B に向かう」タイプ	V+A+to B 「A が B に到達する」タイプ
make *A* for B：A を B に作ってやる find *A* for B：A を B に見つけてやる get *A* for B：A を B に取ってやる choose *A* for B：A を B に選んでやる	pay *A* to B：A を B に支払う hand *A* to B：A を B に手わたす send *A* to B：A を B に送る tell *A* to B：A を B に言う show *A* to B：A を B に見せる

toとforの働きの違い、おわかりいただけましたか？　この２つの前置詞の違いを知るだけでも、ずいぶんいろいろな表現がすっきりわかりますね。

　前置詞という言葉は、見かけは小さくても、英語のしくみを陰で支える大切な働きをしています。前置詞の働きを考えることはそのまま英語という言語の理解を深めることになると思います。

　前置詞をもっと深く知りたいと思った人は、『前置詞がわかれば英語がわかる　[改訂新版]』（刀祢雅彦著／ジャパンタイムズ出版）を読んでみてください。英語という言語に対する見方がちょっと変わるかもしれません。

考えてみよう！

（　　　）にもっともよくあてはまるのはどれでしょう。

1) Maria read a story (　　) her son at bedtime.
   ① to　　② for　　③ at　　④ in

2) Are you sure you lost your credit card? Look (　　) the
   top drawer of the desk.　　　　　　　　drawer「引き出し」
   ① at　　② for　　③ up　　④ in

   （早稲田大学）

3) Dylan has been (　　) the ID card he lost yesterday.
   ① discovering　　② finding out
   ③ looking for　　④ searching

解答・解説

1) ［正解］ ①

「マリアはベッドタイムに息子のためにお話を読んでやった」と考えて for を選んだ人はいませんか。①の to が自然なのです。**読むという行為の結果、お話 (= A) は息子 (= B) に達します**ね。つまり、read A to B は tell A to B の仲間なのです。for を使うと、「息子の代わりにお話を読んだ」など、特殊な意味になってしまいます。

2) ［正解］ ④

この文の意味は「本当にクレジットカードをなくしたの？　机のいちばん上の引き出しをさがしてごらん」ですが、「『さがす』は look for に決まってるだろ」と考えて② for を選びませんでしたか。正解は④の in です。「引き出しの中を見てみろ」という意味になります。さっきお話ししたように、**for には「～を求めて」という意味があります**。だから、**look for A の A は必ず「欲しいもの」**です。もし for を使うと、なくなった机の引き出しをさがし求めるというヘンテコな意味になってしまいます。

look for ～ を「～をさがす」と丸暗記していた人は確実にひっかかる問題です。前置詞 for の意味をちゃんと意識している人は間違えません。ネイティブ・スピーカーなら、たぶん幼稚園児でも間違えないでしょう。

ちなみに、look A up は「A（情報）を検索する」という意味ですから、③の up もヘンです。look up the word in the dictionary「辞書でその語を検索する」のように使います。

3) ［正解］ ③

文の意味は「ディランはきのうなくした ID カード（身分証明書）をさがしている」。正解はもちろん③の looking for です。ID カードは「欲しいもの」ですから look for の目的語になれます。考えすぎて④を選んではいけません。これはワナです。④の searching を入れると「ID カードの中をさがす」というヘンな意味になってしまいます（→ p. 187）。

索引

著者紹介

刀祢雅彦（とね・まさひこ）

大阪大学大学院修士課程修了。英文学修士、英語学専攻。駿台予備学校講師。「ミニマルフレーズ」による英単語記憶法、前置詞の「SPO 理論」を提唱。主な著書に『前置詞がわかれば英語がわかる 改訂新版』（ジャパンタイムズ出版）、『見る英単語』（明日香出版社）、『短期攻略 大学入学共通テスト英語リスニング』（駿台文庫）、共著書に『システム英単語』『システム英熟語』『システム英単語 Premium 語源編』（以上、駿台文庫）、『[データ分析] 大学入試 アップグレード 英文法・語法問題』（数研出版）などがある。これまでに NHK のテレビ英会話のテキスト、「CNN English Express」などにも執筆。イラストレーター。

- 尊敬する人 R. Dawkins、George Lakoff、澁澤龍彦、椎名林檎
- 好きな言葉 The first story is about connecting the dots. (Steve Jobs)
- ブログ spotheory の日記　https://spotheory.hatenablog.com/

英語の「なぜ」をもう一度考える
見える英文法 ［増補改訂版］

2024 年 6 月 5 日　初版発行

著　者　　刀祢雅彦
　　　　　© Masahiko Tone, 2024
発行者　　伊藤秀樹
発行所　　株式会社 ジャパンタイムズ出版
　　　　　〒 102-0082 東京都千代田区一番町 2-2
　　　　　一番町第二 TG ビル 2F
　　　　　ウェブサイト　https://jtpublishing.co.jp/
印刷所　　日経印刷株式会社

本書の内容に関するお問い合わせは、上記ウェブサイトまたは郵便でお受けいたします。
定価はカバーに表示してあります。

万一、乱丁落丁のある場合は、送料当社負担でお取り替えいたします。
(株)ジャパンタイムズ出版・出版営業部あてにお送りください。

Printed in Japan
ISBN978-4-7890-1887-6

本書のご感想をお寄せください。
https://jtpublishing.co.jp/contact/comment/